经济管理学术文库·管理类

外力干预下供应链低碳化运营决策行为研究

Supply Chain Carbon Emission Reduction Based Behavior of Enterprise Operation Decision under Exogenous-Force Intervention

李友东／著

经济管理出版社
ECONOMY & MANAGEMENT PUBLISHING HOUSE

图书在版编目（CIP）数据

外力干预下供应链低碳化运营决策行为研究/李友东著. —北京：经济管理出版社，2018.1
ISBN 978-7-5096-5632-7

Ⅰ. ①外… Ⅱ. ①李… Ⅲ. ①供应链管理—节能—研究 Ⅳ. ①F252.1

中国版本图书馆 CIP 数据核字（2018）第 015781 号

组稿编辑：杨国强
责任编辑：杨国强　张瑞军
责任印制：黄章平
责任校对：赵天宇

出版发行：经济管理出版社
（北京市海淀区北蜂窝 8 号中雅大厦 A 座 11 层　100038）
网　　址：www. E-mp. com. cn
电　　话：（010）51915602
印　　刷：三河市延风印装有限公司
经　　销：新华书店
开　　本：720mm × 1000mm/16
印　　张：11
字　　数：168 千字
版　　次：2018 年 4 月第 1 版　2018 年 4 月第 1 次印刷
书　　号：ISBN 978-7-5096-5632-7
定　　价：58.00 元

前 言

低碳经济下的企业在获取利润的同时，还应承担碳排放所带来的环境成本。低碳经济活动不仅要体现环境资源的稀缺性，还要体现环境资源的有效配置，这使得碳排放权具有了可流动资源的属性，企业在生产经营活动中的减排效果具有了和产品、资源一样的价值属性，企业有效的碳管理可以实现碳成本向碳收益的转化，这些特征将改变企业的成本结构和盈利模式。面对低碳供应链这一新兴领域，政府、企业和消费者都在发挥着重要的作用，政府环境规制和消费者的低碳偏好行为作为供应链管理之外的力量，正在对供应链低碳化运营发挥着越来越大的作用。例如，从规制角度而言，为了控制碳排放，世界各国和地区实施了各种不同的碳减排规制，包括碳交易、碳税、碳中和等。欧盟碳排放交易体系（EU ETS）是碳交易机制的成功典范，挪威、瑞典等北欧国家是碳税政策的先行者，迄今为止，包括丹麦、荷兰、澳大利亚、法国、欧盟等经济发达国家和地区都不同程度地开征了碳税。作为发展中国家，中国也积极研究碳税政策，准备择时开征碳税。与此同时，公众的环保意识也在不断提高，《BBMG意识消费者报告》指出，现在的消费者更加注重社会价值和环境改善。该报告同时也发现：67%的美国人赞同购买环境友好型产品，51%的人愿意为这些环保产品支付更高的价格。因此，政府的环境政策和消费者对低碳产品的认知必将影响企业的成本和收益，迫使企业不得不将减少碳排放作为运营管理中重要的决策因素考虑到供应链管理中，这也为企业在供应链管理中提出了许多新问题和新挑战：

诸如消费者低碳偏好对供应链低碳化运营的影响机理；政府减排补贴、碳交易和碳税等不同的政府环境政策对供应链合作减排的影响；低碳供应链中企业运营决策机理和合作机制设计问题；低碳供应链绩效和结构问题等。

基于此，本书以低碳经济环境下的供应链为对象，从政府环境规制和消费者低碳偏好行为两个外力干预的角度出发，对供应链低碳化运营进行了建模和量化研究，建立一套较为系统的供应链低碳化运营管理的策略，希望能够为政府规制和消费者低碳偏好行为影响下的低碳供应链管理的理论研究和实践提供参考。

本书第 1 章对低碳供应链进行了概述并指明主要的内容和观点；第 2 章从政府规制、消费者低碳偏好和供应链等角度进行了文献回顾；第 3 章以二级供应链为例，分析了消费者低碳偏好对供应链低碳化运营的影响机理；第 4 章重点论述了政府环境规制与企业减排的演化博弈；第 5~8 章考虑了政府环境规制和消费者低碳偏好影响下供应链低碳化运营问题；其中第 5 章探讨了政府环境补贴对考虑消费者低碳偏好的供应链研发成本分摊进行了研究；第 6 章对政府补贴行为与供应链减排行为的互动关系进行了探讨；第 7 章讨论了碳交易机制下考虑消费者低碳偏好的供应链合作减排机制；第 8 章在消费者具有低碳偏好的情形下，讨论和比较了零售商参与减排成本分摊契约和双方纳什讨价还价成本分摊契约两种形式对碳减排、产品定价和整个供应链及其成员收益的影响。

本书的有关研究工作得到内蒙古自然科学基金项目（批准号：2015MS0709）、内蒙古软科学基金项目和内蒙古大学高层次人才引进计划项目（批准号：135144）的资助，在此表示衷心感谢。

此外，本书在写作过程中参考了大量文献，以尽可能地列在书后的参考文献中，但仍难免有所遗漏；特别是一些文献经过反复引用更是难以查实原始出处，这里特向被漏列文献的作者表示歉意，并向所有参考文献的作者表示诚挚的谢意。

由于笔者水平有限，本书难免会有错误之处，敬请读者批评指正。

目　录

第 1 章　绪　论

1.1　低碳供应链

1.1.1　低碳供应链（LCSC）的兴起

回顾世界各国经济发展的进程和经济发展过程中对环境的负面影响，不难得出这样的结论，即经济发展过程中消耗了大量的传统能源，而能源消耗过程中大量的碳排放使得气候发生变化，气候的不断恶化直接威胁到人类的生存。因此低碳经济这种新的经济发展模式将成为未来发展的主题。低碳经济实质是经济增长并兼顾碳排放减少下的经济发展模式，是由传统以 GDP 增长为目标的经济发展模式转变为 GDP 增长与降低碳排放并重的经济发展模式，其核心是低碳技术研发与创新、高碳产业低碳化模式的形成以及人类经济与环境的可持续发展。

随着竞争的加剧、企业环境成本的增加以及信息获取方式的改变，企业之间的竞争逐步扩展到供应链之间的竞争。低碳经济模式对供应链管理提出了新的挑战，如何在减少能源消耗和环境污染的同时实现企业的生产率提升和收益提高，是摆在供应链管理中非常重要的课题。20 世纪中期以来，由于人们片面追求经济增长而忽略了对环境的破坏，结果导致了环境污染、能源枯竭等一系列严重的问题。在此背景下，绿色和低碳的概念先后被提出被应用到供应链管理中，低碳供应链（Low Carbon Supply Chain，LCSC）是在绿色供应链的基础上发展演化而来的，1996 年密歇根州立大学（Michigan State University，MSU）的制造研究协会（Manufacturing Research Council，MRC）将环境问题考虑到供应链中，第一次提出了环境供应链（绿色供应链）的概念，并将其作为提交美国国家科学基金（NSF）的重要内容（Handfield，1996）。近年来，气候变暖和大气污染使得人们认识到，减少 CO_2 等污染气体的排放是全球各国都必须要承担的义务和责任，哥本哈根会议的召开，也标志着世界经济进入以“低能耗、低污染和低排放”为主的全新的发展时代，从微观的角度来说，供应链低碳化也是减少碳排放的必然选择。

目前对低碳供应链的研究还处于起步阶段，相关研究不是特别多，最为关键的是对低碳供应链概念本身还没有形成比较统一看法。一般理解是将“低碳”理念和“低碳”意识加入传统供应链管理中，在供应链的整个运营过程中，以产品的生命周期各个阶段划分为依据，研究如何降低各个阶段的碳排放量。总体来说，就是在供应链的每个节点和环节都要考虑低碳问题，形成采购低碳化、产品设计低碳化、生产运输低碳化、销售低碳化和回收低碳化的整个生命周期的完整的低碳体系结构。所以可以这样认为，低碳供应链是要求供应链上下游各个成员企业的生产运营都应对环境的破坏尽可能小，同时尽可能地提高资源利用率，以达到供应链整体收益最大化和碳排放量最小化的协调优化，实现供应链各成员和环境的“双赢”。从低碳供应链的概念可以看出，它和环境供应链或绿色供应链很相似，都是在尽可能小的环境破坏基础上实现供应链的最大收益和可持续发展。区别在于低碳供应链更强调碳排放权这一共有资源的稀缺性，认为碳排放权是企业生产经营活动过程中的稀缺资源，

供应链管理是在考虑碳排放约束下如何使得供应链整体收益最大。

1.1.2 低碳供应链中存在的问题

气候变暖已经成为全球关注的紧迫性问题，对人类的生存和发展提出了新的挑战，使得世界经济发展模式向低碳经济模式转变。低碳供应链要实现在产品的整个生命周期过程中的低碳化，包括设计、采购、生产、物流、销售及消费和回收等阶段都要考虑低碳化，以期通过供应链管理使得产品对环境的影响达到最小，实现企业、社会和自然的协同可持续发展。目前在供应链低碳化过程中存在两大动力：政府环境政策和消费者低碳需求等外力强制减排因素以及供应链各主体的协作自主减排因素。

从政府环境政策看，政府环境规制变得越来越苛刻，惩罚力度越来越大。尤其是近年来，各国政府、企业和学者已经达成共识，温室效应是全球气候变化以及极端气候出现日趋频繁的主要原因，而人类在经济活动中产生的碳排放是导致温室效应的主要根源。

为了缓解气候变化的进程，实现经济、社会和环境的和谐与可持续发展，人类开始寻求减少温室气体排放的技术和策略。继2015年巴黎气候变化大会通过《巴黎协定》后，2016年5月的《第二届联合国环境大会》是联合国召开的又一次以全球环境为议题的重大会议，目的是确保《2030年可持续发展议程》环境目标的落实。① 上述两个协议为进一步推动低碳经济的发展起到了非常重要的作用；同时也使得企业在经营活动中必然面对减排的更大压力，促使碳排放权的市场交易模式和市场交易规则的形成。目前中国已经形成7家碳排放权交易所，分别是北京环境

① 中国网. 第二届联合国环境大会聚焦绿色和可持续发展［EB/OL］. http：//news.china.com.cn/live/2016-05/24/content_36133338.htm，2016-5-24.

交易所、天津碳排放权交易所、上海环境能源交易所、深圳碳排放权交易所、广州碳排放权交易所、湖北碳排放权交易所、重庆碳排放权交易所等。2009 年 12 月，中国做出重大的承诺：到 2020 年达到单位 GDP 二氧化碳排放将比 2005 年下降 40%~45%。[①] 这次的承诺也被认为是中国环境政策要发生重大的变化，政府控制碳排放成为在中国经济增长中必须要考虑的问题，中国开始步入碳排放总量控制的新时代。

从消费者角度而言，自 20 世纪 90 年代开始消费者越来越强烈地关注环境问题，产品生产企业渐渐发现消费者是推动低碳减排非常重要的力量，零售商同样也感受到了消费者的力量。随着消费者低碳意识的形成，产品和服务的低碳化程度将会形成客户价值的重要组成部分。商品的碳足迹会影响其对购买者所产生的效用。因此，消费者对低碳产品的需求可能是价格、产品质量、碳排放等因素的综合函数，这种消费者价值判断的变化必将对企业的运营行为和供应链管理带来深刻的影响，研究低碳时代的消费者行为和效用函数对于供应链低碳化运营决策和完善供应链运营理论具有重要的理论意义。

对企业而言，已经认识到若不减少碳排放量，就会面对来自各方面的压力，诸如政府节能减排政策、消费者低碳需求偏好、竞争对手以及供应链合作伙伴等。但如果政府和消费者不对企业在环保等方面施加压力，企业从研发、合作等角度投入资源来降低碳排放水平的积极性就不会太高。换句话说，企业降低碳排放显然还要依赖政府环境规制约束和消费者意识及行为的转变。同时就企业本身来说，由于受到减排成本投入、低碳技术研发与创新等方面的制约，也使得其很难加入到供应链低碳化运行中，主要体现在如下几个方面。

---

① 网易财经. 哥本哈根世界气候大会特别报道［EB/OL］. http：//money.163.com/special/00253UL3/COP15 _ Index.html，2009.

1.1.2.1　产品减排研发方面

许多企业尤其是中小企业的技术创新和研发能力薄弱，对低碳环保材料的选择，低碳产品的设计与研发等方面的掌控能力不够，这些制约因素容易导致规模不经济的“低水平低碳技术研发和小批量低碳原材料采购”等问题，如果企业要进行低碳产品的研发，就需要对其在资金、技术等方面予以支持，包括供应链内部进行减排研发合作的方式或政府低碳补贴政策等。另外，虽然供应链核心企业具有较强的研发实力，可是产品从概念产生到研发成本投入直至最终产品被市场认可的周期过长，导致其没有积极性，因此作为政府需要制定相关的政策来激励企业进行减排研发合作和创新。

1.1.2.2　企业减排合作方面

在供应链中，企业所处的节点位置不同，对应的角色也不同：每一个企业可能既是供应商又是客户。对其后一个节点来说，它是供应商，对其前一个节点来说，它又转变为客户。实施供应链低碳化运营需要节点企业之间从互信角度建立长期的合作伙伴关系，避免为追逐短期利益而破坏供应链整个低碳化运营的行为发生。但按照经济人假设，作为供应链中的独立主体来说，他们又是在理性的基础上进行决策，因此在追求共同目标的同时，又要实现各自的收益最大，这容易形成局部的冲突。故无论是从供应链内部还是从政府政策等方面都需要考虑如何建立有效的机制来激励各个成员共同合作而实现供应链整体效益，提高供应链的运作效率。

1.1.2.3　环境政策制度方面

为促进企业降低碳排放，政府需要从规制角度出发，制定更为严格的产品碳排放标准和能耗效率标准。目前许多国家和地区都对企业降低碳排放提出了标准，如建筑物能源认证，建立建筑物能源效率标准；推广节能减排产品，例如对电冰箱、电视等制定不同等级的节能效率目标，强调在生产生活中使用低碳燃料，对低碳投入或低碳产品提供相应的补贴，对排放较大的企业征收碳税以及加强政府监管和惩罚力度等。目前，政府主要通过碳排放权交易、财政补贴政策和税收政策等引导企业减排和进行减排合作。

1.1.3 低碳供应链研究目的与意义

本书的主要目的是在前人的模型基础上建立相应的低碳供应链运营决策模型。在碳排放约束条件下，深入探讨在供应链低碳化过程中，政府规制、消费者低碳偏好和供应链企业自身减排之间的互动关系，考虑消费者的低碳偏好对供应链整体碳排放数量和收益的影响以及政府的各类减排激励政策与供应链上下游在减排研发合作相结合条件下对供应链绩效的影响，找出碳排放约束条件下政府环境规制和消费者低碳消费行为影响供应链上下游合作减排的机理。本书考虑了政府碳排放补贴对供应链成本结构的影响，同时也分析了力量不对等供应链中核心企业分摊碳减排成本的情况。本书将政府环境政策应用到供应链纵向减排合作中，观察补贴、碳配额、碳交易等环境政策如何对供应链绩效产生影响？供应链成员是否进行减排合作等问题。

基于此，本书针对低碳供应链中存在的上述问题，将低碳经济和供应链管理相关理论结合，系统研究了这些问题产生的背景、机制和相互影响。不仅对供应链低碳化运营相关理论进行了有益的补充，还使我们能够更深入理解低碳供应链的运行机理和政府环境规制的作用效果，从而在碳排放约束条件下，通过制定合理的机制实现供应链绩效和环境之间的平衡。同时从实际出发，本书的结论和成果可为供应链成员进行碳减排决策行为提供指导。因此，本书的结论对于实现供应链低碳化运营具有重要的意义。

1.2 本书的主要内容和框架

随着社会经济结构由单一以经济增长为目标转变为追求环境和经济增长的可持续发展，供应链的运营模式也在发生着变化。由于政府环境规制对企业碳排放的要求越来越严格，导致企业不得不将碳排放这一稀缺共有资源所产生的外部成本内部化，直接导致了供应链各成员的成本结构发生了巨大变化，由传统的二维交易变为三维交易，即企业除考虑资源投入和产品产出之外，还需要考虑一个重要的成本影响因素——碳排放成本。另外，从需求方看，消费者的消费偏好日益发生着变化，其中很大比例的消费者需求不仅受到价格的影响，还受到产品的碳排放水平的影响。在政府环境规制和消费者低碳需求的双重压力下，传统供应链不得不转向低碳化运营，因此低碳化运营模式下的供应链成员如何选择决策行为成为一个尤为重要的问题。本书针对该问题，详细分析了力量不对等供应链中，消费者低碳偏好对供应链绩效的影响以及存在碳交易情况下供需双方的决策行为；确定了政府环境监管对供应链的核心企业碳排放的演化稳定均衡并进一步厘清了影响供应链低碳化的内因和外因；分析了供应链低碳化与政府规制、消费者低碳偏好的互动关系。

本书通过认真研究大量国内外的相关文献资料，在市场调研的基础上，针对政府规制和消费者低碳偏好等外力作用下的供应链低碳化运营过程中减排合作及合作条件等问题，将定性和定量分析方法融入到书中，科学系统地进行了研究。本书的技术与研究思路如图 1.1 所示。

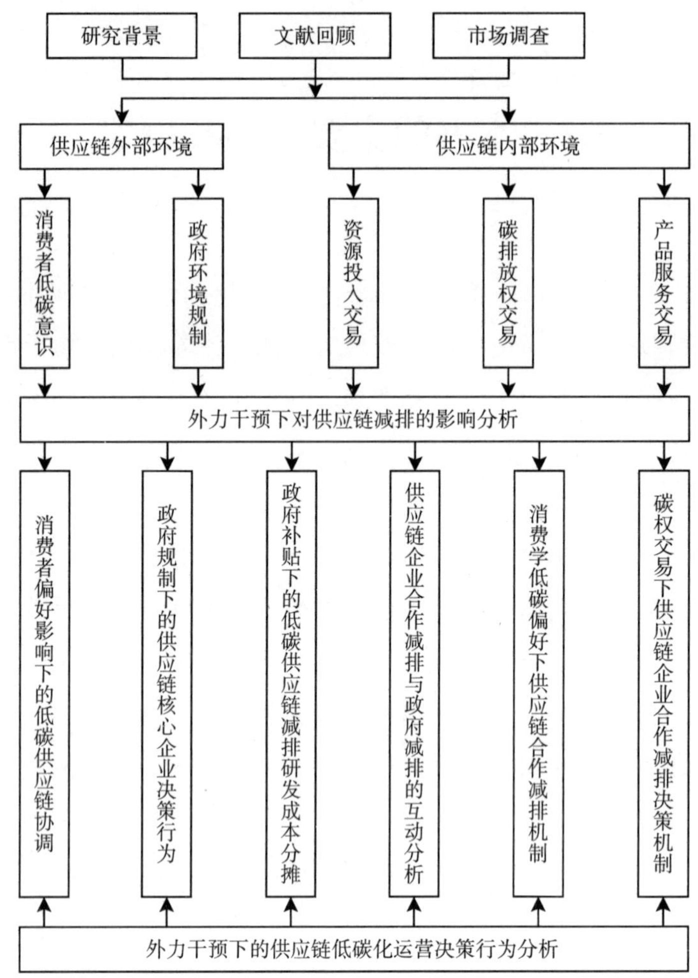

图 1.1　供应链低碳化运营决策思维框架

1.3　本书的创新点

本书将碳排放引入供应链运营之中，将可以在供应链上通过交易而流动的碳排放权视为一种特殊的资源纳入供应链运营决策之中，使得供

应链中企业与外界的交易关系发生了变化：从传统的“二维交易”模式转变为“三维交易”模式，企业的成本构成和盈利模式也由此而发生了变化。

1.3.1　消费者低碳意识对供应链低碳运营决策行为影响的机理

虽然对于消费者的消费习惯和绿色消费行为受到越来越多的关注，但鲜有文献从消费者引发的市场需求的变化视角分析碳排放水平与消费者低碳意识影响下的市场需求的关系；本书将其应用到供应链中，研究不同供应链结构的碳排放减少水平和低碳运营决策行为的问题。消费者低碳偏好视角下科学系统地研究供应链的减排水平如何影响供应链的绩效？影响程度怎样？在考虑消费者低碳偏好、产品存在竞争下对基于不同供应链结构的各成员收益如何影响？各自的收益变化水平如何？本章从信息完备程度和消费者的低碳偏好入手，首先，分析了消费者偏好与产品碳排放之间的关系。将消费者低碳偏好这一指标嵌入到对产品的低碳需求中，建立了在此情景下的市场需求函数。其次，通过建立单一零售商和单一制造商以及竞争的制造商和单一零售商的二级供应链低碳决策模型，分别比较了不同的决策情景下供应链的碳减排水平和整个供应链的绩效，给出了在不同决策背景下的双方的最优决策，并对存在竞争性制造商的供应链基于消费者低碳偏好和竞争激烈程度进行了敏感性分析。

1.3.2　碳排放权交易下的供应链决策行为分析

以往关于碳排放权的研究，主要关注于单个企业，或者供应链的同一节点上各个企业的决策行为，很少有基于碳排放权交易供应链上下游之间的低碳决策行为分析。一般地，碳排放交易权视角分为从供应链外部获得碳排放权和从供应链内部获得碳排放权，从供应链外部获得碳排放权主要是通过碳交易市场购买碳排放权或者出售多余的碳排放权，研究在有碳排放权市场交易情形下的供应链运营问题。本书将碳排放权交易内部化，即考虑碳排放依赖型需求商和碳排放权提供商之间的决策行为，研究了碳排放权提供商居于主导地位下的不对等供应链低碳决策行为，研究视角更具新颖性。

1.3.3 碳排放约束下考虑政府补贴的供应链减排研发成本分摊研究

目前关于供应链成本分摊的研究比较成熟，可是考虑供应链上减排研发成本分摊的并不多见，而将政府环境规制的影响考虑到供应链减排研发中的更是少见。本书在考虑政府对供应链主体都提供成本投入补贴的情形下，将供应链主体（制造商和零售商）的减排研发行为考虑到供应链中，研究主导零售商为制造商的低碳研发成本进行分摊的条件以及减排研发合作对各方的收益的影响。

1.3.4 碳排放约束下考虑碳交易政策的供应链减排合作机制研究

目前关于供应链合作的研究比较成熟，可是考虑碳交易和碳配额的供应链上减排合作方面的内容并不多见，本书在考虑政府碳排放约束和存在碳交易的前提下，将供应链主体（制造商和零售商）的减排行为考虑到供应链中，研究制造商减排决策以及零售商对制造商的减排成本两种情形对供应链合作各方收益的影响。

第 2 章　文献综述

为了使文章的逻辑结构清晰和描述方便，本章将文献综述内容按照政府低碳政策、消费者低碳偏好以及供应链成员减排合作等方面划分。从已有文献的研究来看，关于补贴（或碳税）和供应链合作的研究大多集中于以降低成本或提高产品质量的研发方面，而探讨政府及力量不对等供应链减排问题及供应链减排研发合作的文献并不多见，因此本书针对政府、供应链成员及消费者参与减排方面分别作了研究综述，以便厘清文章的脉络，理解研究的重要意义。

2.1　力量不对等供应链研究

供应链相关理论认为，为了实现供应链的最优运营效果，需要对供应链上下游的行为进行协调。然而在现实中，供应链成员之间由于在信息和贴近消费市场等方面的不同而形成了上下游之间力量的不对等，强势方由于具有较强的讨价还价能力从而可以将成本和风险转嫁给弱势方，使得供应链整体偏离帕累托（Pareto）均衡，难以达到整体最优。家电零售供应链和汽车制造供应链是典型的力量不对等供应链。在家电市场，苏宁、国美等大型连锁店控制着相当大比例的销售终端；在食品和日用品市场，沃尔玛（Wal-Mart）和家乐福（Carrefour）掌握着相当大比例的市场份额；汽车制造供应链也存在相类似的情况。自 2004 年以来的中国家电行业的制造商与销售商之间的这种不对等关系所产生的利益纠葛，深刻反映了这种现状存在的危机。这些零售商们通过自身在供应链中的强势地位欺压较为弱势的供应商，侵占供应商的利益，因此使得供应链整体和供应链成员都难以达到帕累托（Pareto）均衡。虽然基于供应链力量不对等衍生出许多的研究方向，但是对其形成机理的研究一直是理论和学术界关注的一个重要问题。

供应链按上下游势力是否均衡可以分为主导型供应链和非主导型供应链。主导型供应链强调成员中存在核心企业或者主导者，其他供应链成员会根据核心企业的决策而制定自身的决策。而将不存在明显的强势地位成员的供应链称为非主导型供应链。根据供应链纵向关系的不同，可以将供应链管理分为下游主导型供应链和上游主导型供应链两种类型，例如零售商主导型供应链和制造商主导型供应链等。本章对零售商主导型和制造商主导型供应链模式进行分析。

2.1.1 供应链买方势力的概念

在零售商强势的供应链中，零售商拥有转移价格的决定权，这种现象尤其在零售业中较为突出，如 Wal-Mart、Carrefour、Target 等。这些大型零售商市场份额较大并对渠道具有垄断地位，故拥有更多的主动权和发言权，为了获取超额利润常采用各种手段挤压供应商的收益，诸如长期拖欠和占用上游供应商的货款，要求供应商为其交纳上架费、进场费等费用，压低批发价格等。

零售商占主导的供应链又称为零售商具有买方力量，按照经合组织（OECD，1998）秘书处对零售商的买方市场力量所下的定义，若某个零售商可以对至少一家供应商采取某项针对性行动，使得给供应商造成的损失从比例上来说，明显大于对自身造成的损失，就可以认为这个零售商拥有市场势力或市场力量。从长期来看，若这一行动可使该供应商的利润下降 10%，而自身利润与原来相比仅降低 0.1%，则我们称该零售商具有比较强的买方势力或买方力量。零售商与供应商属于供应链结构中不同的主体，零售商能够对供应商控制的原因是零售商拥有供应商没有的销售资源。零售商控制力的大小及维持，取决于供应商对零售商的销售资源的依赖程度。这种资源可能是零售店店址、货架资源、采购规模与数量、需求信息完备程度、服务差异性与品牌效应等。

最先对零售商具有买方力量这一问题加以分析的是美国经济学家加尔布雷斯于 1952 年所著的《美国的资本主义：抗衡力量的概念》(*American Capitalism*: *The Concept of Countervailing Power*)。加尔布雷斯研究发现大型零售商能对上游企业施加某种抗衡势力 (Countervailing Power)，这种势力可以降低其转移价格，从而降低自身的成本，而且他们会与消费者共同分享所获得的成本节约。从这一角度看，零售商的这种势力有利于社会福利的改善。Porter (1974) 同样对买方势力 (Retailer Power) 的概念进行了论述，认为买方势力是零售商对供应商产品多样性的影响能力，并证明了买方力量的确存在，进一步发现零售商的讨价还价权力会随着这一影响而提高。Gaski (1984) 针对分销渠道给出了多种关于渠道成员力量的定义，并给出五种常见的力量表现形式：价格、订单排程、库存、产品组合和客户服务。Munson 等 (1999) 研究发现，力量不对称关系是供应链成员之间的基本关系。Iyer 和 Villas-Boas (2003) 区分了市场势力 (Market Power) 和讨价还价力量 (Bargaining Power) 的不同，认为讨价还价力是对共有利益的更大分享的权力，而市场势力是零售商在终端消费市场的势力。还有学者从不同角度探讨了零售商买方势力的起源问题。Inderst 等 (2007) 基于供应商视角的研究表明：形成零售商买方势力的两个重要原因是来自供应商方面生产能力的限制和过高的边际生产成本，并在此基础上对买方势力进行了分类分析。Crook 等（2007）也分析了供应链中的势力问题，笔者以资源依赖型理论为依据研究发现，当供应链成员具有了核心资源时，它就会拥有较强的势力。

一般而言，若供应链某一成员（可能是供应商、制造商、零售商）拥有比其他成员更强的市场地位、资金实力、完备的信息或拥有不可替代的核心地位，则该成员就可在链条中占据主导。从以上文献回顾可以看出，供应链成员是否能够形成强势力量，影响因素较多：从资源拥有到市场地位以及需求信息等。故根据供应链成员的控制力和控制内容的不同可以将主导类型分为：定价主导、库存管理与库存控制势力、运营管理势力、销售渠道主导及需求信息控制主导等类型。

2.1.2 零售商占主导的供应链协调合作问题

在药品、日常消费品、家电、服装和家具等工业和商业领域，供应商和零售商的力量正在发生转变。市场和销售渠道中关于零售商力量的研究主要是理论研究和实证分析。关于零售商力量的研究主要集中在力量定义和力量的来源，也有一些对供应链上下游成员之间的相互影响进行了研究。

Chen（2003）考虑了单一制造商和下游多个零售商组成的两级供应链，研究发现：当零售商数量减少时，占优零售商不仅获得相对于生产商的抗衡力量，也获得相对于消费者的垄断势力，由于零售市场集中度的增加而导致零售价格的变化反映了抗衡力量和垄断势力的联合效应，并证明了主导零售商抗衡力量的增加的确能够导致零售价格下降，但原因不同于加尔布雷斯，并且抗衡力量也不一定能够提高社会福利。Wang 等（2006）研究了强势零售商和弱势零售商同时存在时的供应链问题，分析认为通道费是强势零售商发挥其市场势力的一种手段，这种手段的使用使得强势零售商的利润率和市场份额都会明显提高，同时也对弱势

零售商产生了负面影响，使得弱势零售商的进货价格提高而市场份额和利润都下降，对于上游的制造商而言，制造商可以通过提高转移价格将线性通道费部分转嫁给其他市场势力较弱的零售商。Huang 等（2008）以零售商占主导的力量不对等供应链为对象，研究了在非合作博弈和合作博弈情况的报童模型，通过引入零售商对供应商批发价格的敏感系数分析在批发价格外生和内生情形下的最优策略，并利用纳什讨价还价模型研究了供应链合作问题中制造商和零售商的利润分享机制。Ren（2010）研究了在理性经济人假设下，利用斯塔克尔伯格（Stackelberg）博弈分析了零售商占主导两阶段供应链的通道费用决策问题，引入通道费决策因子分析供应链中零售商向供应商收取的通道津贴，认为零售商价格较强地依赖于供应商的批发价格。

何龙飞等（2010）分析认为，产业间力量对比悬殊决定了力量不对等供应链结构，给出了力量不对等供应链的概念并研究了力量不对等两级供应链模型上下游在不同信息结构下的博弈均衡，进而影响供应链协调和绩效改进。秦娟娟等（2010）分析了存在力量不对等的供应链结构，零售商处于强势地位下的供应商—零售商双方的决策行为和策略选择问题。秦娟娟等（2010）分析了力量不对等供应链结构下若存在供应商管理库存（Vendor Managed Inventory，VMI）的情形，利用演化博弈理论探讨了实施前以及实施过程中的相关问题。

总之，零售商主导型供应链中成员之间的合作和协调对整个供应链的影响非常大，针对它的协调与合作方面的研究视角有很多，包括市场需求变化环境下的供应链协调问题、信息共享机制下的供应链协调问题、契约选择方面的供应链协调问题、渠道协调等。一般而言，主导的零售商是协调机制和合作机制的制定者，而其他供应链成员是参与者，双方协调收益，目的是要使供应链实现 Pareto 改进，使得合作关系更加稳定。

2.1.3 制造商占主导的供应链协调合作问题

当制造商在行业中或市场中处于垄断或者寡头垄断地位时，它可以通过其强势地位收取比竞争价格更高的价格，为了实现对供应链其他成员的利益侵占，这类制造商的这一行为会在收益共享、转移价格制定、利润分配机制等方面体现。这方面的研究主要是制造商具有供应链的主导地位，是供应链的核心企业，零售商只是制造商的一个销售渠道，并不能对制造商的决策行为产生较大的影响。故对此类问题的研究更多地集中于假设零售商是被动接受制造商的转移价格。

Pasternack（1985）第一次研究基于两阶段报童问题的生产系统，制造商有两个决策变量，分别是它给零售商的产品转移价格和对没有销售出产品的决策。Lau 等（2002）考虑单一制造商和单一零售商的两阶段供应链结构，利用非合作博弈理论和委托—代理理论研究了需求不确定程度不同对制造商和零售商的决策行为的影响程度。Li 等（2002）研究了在制造商—零售商组成的两级供应链中的特许经营问题，即供应链中特许经营权拥有人和特许经营人合作问题，他们利用纳什讨价还价模型分析了加盟商与特许商之间的利益分配和利润补偿机制。杨波（2005）研究了在供应链上游居于主导地位的纵向垄断市场信息分享机制，提出了主导方只对批发价格进行约定和主导方对批发价格及订货量同时进行约定两种情形。曾丽萍（2005）等对制造商占主导地位的供应链问题进行了优化，并建立了优化模型，给出了最佳的转运量、产品转移价格及市场价格等，模型的改进不仅可以对决策进行精确的定量化还可以提高优化决策的效率。

潘会平等（2005）分析认为，作为供应链主导方的制造商若只是通过转移价格将产品卖给零售商，其利润来源只是生产方面，但若制造商与零售商在销售方面合作，就能够在通过渠道中获得更大的收益，该文以

戴尔的直销模式和康柏的渠道改造失败为基础，提出了利润四六分成和分步实施的方案，突出了不对等供应链合作和协调中的问题和解决办法的科学性及实用性。He 等（2007）回顾了学者利用斯塔克尔伯格微分博弈在供应链和市场渠道方面应用的各种思想和模型，主要包括在动态情形下考虑库存、批发价格、零售价格和外部环境等对供应链和市场渠道的影响分析。胡本勇（2008）研究了制造商主导下的单一制造商和单一销售商组成的供应链，制造商负责产品研发并分摊销售商部分促销费用情形下的供应链合作模式，分析了双方在合作和非合作两种博弈情形下供应链各方的利润情况。陈剑（2009）对制造商主导型供应链进行了分析，给出了制造商通过激励下游零售商来获取产品的真实市场需求信息的方法，即通过产品价格的制定和激励机制的设计来提高零售商的努力程度。

2.2　消费者低碳偏好与环境意识

许多学者研究发现环境与经济绩效具有较强的关联性（Nagurney 等，2010），同时，企业也在通过整合其供应链流程来降低成本和提高客户服务水平。这两种趋势的相互影响导致企业必须与其供应商和采购商合作来满足甚至超过消费者和政府规制对环境的期望，以确保供应的安全性，降低风险和责任以及提升创新能力等（Corbett，2006）。消费者环境意识和政府环境监管的压力使得企业更加理解经济与环境的关联性，更加重视环境绩效与企业经营绩效的协调发展（Linton，2007）。

企业的环境和社会责任已经对企业的产品产生了积极的影响，产品的绿色化和低碳化已经渗透到产品的采购、生产制造及竞争市场等各个阶段（Ni et al.，2010）。当消费者的消费行为在产品环境属性表现得更加突出时，企业以追求短期的经济收益为主的运营模式将发生根本的变化，逐渐转向关注于环境和经济绩效的协调可持续运营模式（Jacobs，2010）。绿色低碳产品的生产成本普遍高于普通产品的生产成本，因此在消费市场中表现为更高的市场价格。问题的关键是消费者是否愿意为绿色低碳产品支付更高的价格以补偿低碳生产企业的额外成本（Conrad，2005）；或者政府是否愿意为低碳生产商采用的低碳研发和低碳技术改造及生产工艺改进提供补贴或其他形式的优惠来激励其生产低碳产品（Bougherara，2009）。Chitra（2007）研究发现，消费者的低碳环保意识越强，他越愿意为低碳产品支付更高的价格。消费者的低碳环保意识和购买中表现出的低碳偏好性会影响到整个产业低碳化进程，随着时间的推移，会对整个产业和行业的生产经营产生重大影响，因此有必要对消费者的消费行为从不同角度进行区分，如消费群体的知识背景、价值观、消费态度、消费理念和消费行为等。Moon 等（2002）通过调查德国的消费者群体，分析了与环境相关的技术应用到食品生产过程后对消费者的支付意愿原则（Willingness to Pay，WTP）产生的影响。Shen（2008）通过互联网调查的方式采集了中国大陆消费者的相关数据，分析了消费者对荣获中国环境标志七个不同类别的产品各自的支付意愿，利用回归方法比较了七种类别产品的消费者支付意愿的均值（Mean）后发现：与购买便利相比，中国的消费者更看重环境保护，并认为购买标有生态标签的产品有利于环境改善，因此更愿意为环保产品支付更高的价格。Vanclay 等（2011）发现在日用品店中，绿色产品与普通产品相比具有更高的销售额。国美销售的电器中，绿色产品占一半以上，而且销售额逐年递增。Liu 等（2012）研究了消费者环境意识以及对企业的影响。

可以看出，消费者的低碳环保意识开始逐渐形成，消费者是供应链的最终环节，也是关键的环节，从一定程度上影响供应链所有成员的行为，因此，消费者的低碳偏好对供应链收益的影响至关重要。

2.3　碳交易相关理论

碳交易究其本质，是排放主体对限量环境资源约束下的排放许可权交易，换言之，是排放使用权的交易。它是基于交易制度，在政府或环境监管部分规定碳排放总量后，进行碳排放权的初始分配，企业根据自身对碳排放的需求自由在交易市场上进行碳权交易来实现资源优化配置的一种交易模式。碳排放许可权是在环境问题研究中形成的，Dales 首次提出可以对排放权（即在法律规定下向企业外部排放各类污染物的权利）进行交易的思想，并对排放权进行了界定，而其交易的理论基础则来源于科斯定理和环境污染外部性理论。环境问题是典型的负外部性，市场和政府的失灵是导致其产生的原因。所谓负外部性，也就是说一个组织或者是一个人，他的行为并没有全部承担自己的成本，这就是所谓的负外部性，就是内部成本外部化，科斯（Coase）在 1960 年首次提出利用界定产权和市场交易的方法解决外部性问题，在科斯的基础上，Dales 将其引入到环境控制领域，并提出了对排放权进行交易的概念，这一概念也被认为是排放权交易的理论基础。

如何校正负外部性呢？一般认为机制设计是一种很好的手段，因此通过设计碳排放许可权交易可以解决这一负外部性问题，从而实现外部成本内部化。国内外相关的研究大多集中于碳权交易的市场机制建立、碳权分配和碳权交易等问题上。目前已经形成了一些地区性和全球性的实际碳排放交易的市场操作体系，其中就包括成立于 2003 年的芝加哥气候交易所（CCX），它是世界上第一个由官方成立的碳排放交易所；随后 2007 年成立的美国绿色交易所（Creen Exchangc），主要是向专注于气候变化、可再生能源和其他环境挑战解决方案的市场提供一系列广泛的环境期货、期权合约。欧盟在2008年建立了世界上第一个多国参与的欧盟排放贸易体系（EU ETS），该交易体系对交易进行了限额并规范了碳交易实现减排的机制。其他交易所包括亚洲碳交易所（ACX）和欧洲能源交易所（ECX）等。

目前关于碳排放理论和实证的研究主要集中在宏观问题中的排放许可及交易，比如政府环境政策、国际贸易的排放许可、市场碳交易机制等。

关于交易机制方面，《京都议定书》（1997）中明确了三种减排机制，其中包括联合履行（Joint Implementation，JI）、排放权交易（Emissions Trading，ET）和清洁发展机制（Clean Development Mechanism，CDM）。[①]该协议中规定，在发达国家使用的机制有联合履行和排放权交易，同时发达国家可以与发展中国家联合减排，针对这种情形制定了清洁发展机制。此后又出现了自愿减排市场交易机制（Voluntary Emission Reduction Market）。在这些交易机制中，研究相对多的是清洁发展机制，主要是围绕清洁发展机制在减排效应和可持续发展能力等方面的作用和机理（Doranova等，2010；Bhattacharyy，2011；Winkelman等，2011）。目前中国碳排放权交易正在试点，未来有望全面展开，但这一制度能否实现的关键是实现碳排放总量控制及完善市场交易机制，而碳交易配额分配、交易机制、惩罚机制成国内试点的难点。目前针对宏观和微观层面进行的研究也不断深入，具体包括以下几个方面：①针对经济实体之间的排放许可的双边交易规则和每个经济实体的单边监管（Bernard等，2008；Weikard等，2010）。②碳排放权分配视角下分配的公平与效率研究（陈文颖等，2005；陈立芸，2015；梅天华等，2016）。③碳排放权交易的成

① UNFCCC. Kyoto Protocol to The United Nations Framework Convention on Climate Change [EB/OL]. 1997. http://www.unfccc.int/resource/docs/convkp/ kpeng. html.

本与定价机制的研究（曾刚等，2003；Carmona 等，2011）。④从行业层面视角研究碳交易问题（Montgomery，1972；Kara 等，2008；郑宇花，2016）。

可以看出，无论从国家层面还是微观的企业层面，碳排放权交易问题都成为一个非常重要的研究课题，如何制定合理的环境政策和科学的分配制度，如何引导国家之间或企业之间在碳交易方面的合作和协调，都是需要认真考虑的重要问题。

2.4 碳税相关理论

碳减排市场激励的最有效手段包括碳交易和碳税等。碳税是指针对二氧化碳排放所征收的税，是政府确定碳排放的价格后，由排放主体自行决定排放水平，政府按照排放主体的化石燃料燃烧后的排碳量进行征收（赵黎明等，2016）。其好处是征收碳税只需要额外增加非常少的管理成本就可以实现。与碳交易价格随着需求供给不同而变化相比，碳税中的碳排量价格则是保持相对稳定的，企业可以提前预知碳排放价格，从而更好地估计排放成本。有关碳税政策的研究主要包括两个方面：

（1）宏观方面，分析碳税政策对企业的碳减排和国民经济的影响。许多文献从国家政策制定方面研究了碳税对企业和消费者的影响。Gupta（2016）分析了碳税政策对减排的直接影响因素，从国家层面看，碳税的征收会影响国家的竞争力、GDP 和净出口。Elliott 等（2016）利用一般均衡（CGE）分析了碳税的直接影响和间接影响，包括碳税价格的改变对企业供给和需求的影响，以及不同市场的交互影响。Tsai 等（2014）讨论了碳税对政府和企业的交互作用，分析比较了不同的碳税价格对产品的产量、企业的减排研发投入以及政府税收的影响。

（2）微观方面，主要分析碳税政策对企业运营管理的影响，包括对减排研发与投入、减排驱动因素以及企业生产运营方式等方面（Kuo 等，2016），主要研究碳税是否可以作为模型重要参数进行优化研究。Huisingh 等（2016）调查了不同行业的减排技术创新和碳税政策干预对提高能源利用效率和减少碳排放的影响。值得一提的是，碳税和供应链系统结合来研究环境改善问题在近几年才越来越受到人们的重视。程永宏等（2015）分析了碳税政策下供应链最优减排策略、定价和协调策略。熊中楷等（2014）分析了碳税和消费者环保意识对供应链中碳排放的影响。

2.5 政府环境政策与企业减排

低碳经济将成为新的经济发展模式，并可能演变成为影响全球经济社会发展格局的新规则。随着国际对碳排放的关注，关于供应链低碳化的研究目前已经成为经济管理的热点之一。考虑碳排放的特殊性，政府需要对企业的减排行为施加影响。政府的减排政策对企业产生经营产生了重大影响，尤其是在目前环境压力不断加大的背景下，政府如何设定合理的规制措施来引导企业减少碳排放受到极大的关注。目前政府主要通过排放税、合作减排和减排补贴三种手段影响企业的碳减排行为。关于环境政策的研究大致分为以下几类：

2.5.1 在不同环境和技术政策组合对减排投入及福利的影响

Katsoulacos 等（1995，1996）认为，政府的环境政策激励是企业对减排进行投入的诱因，即企业对减排进行投入是政府排放政策激励的必然

结果。Ulph（1996）在分析政府环境排放政策对企业减排研发激励作用的基础上，比较了制定减排标准和征收排放税两种环境政策的效果。Poyago-Theotoky（2007）研究了两种类型的环境研发组织形式（独立的环境研发和卡特尔环境研发）下竞争性厂商在内生排放税下的碳减排和社会福利问题。

也有一些学者研究了低碳经济背景下政府的环境政策对企业绩效和社会福利的影响。杨红娟等（2010）利用 DEA 方法对低碳供应链的绩效进行了评价。樊纲等（2010）提出通过最终消费水平来衡量和评价各国应该承担的减排责任，在此基础上，进一步从福利角度分析了根据排放消费来评价和衡量排放分配的重要性。原毅军等（2010）分析了政府规制在控制污染中的基本传导机制，分析了排污费与环保产业之间的影响关系，在此基础上，从社会福利视角探讨了我国环境政策中排污费的实施对减排的效果及作用。方海燕（2012）研究了政府和双寡头的三阶段博弈模型，分析了政府对企业研发补贴和产品创新补贴两种情形下基于不同补贴策略的研发投入和社会福利水平。Yakita（2011）研究了存在产品差异化情况时双寡头垄断企业的环境研发问题，发现当产品差异化程度较大时，环境研发合作技术外溢将导致更高的社会福利；相反，产品差异相对较小时，则企业的环境研发合作会减弱，从而会降低产品的环保水平。

2.5.2　从规模效益角度考虑生产更多产品所引致更多污染的问题，对补贴和合作两种环境政策效果进行比较研究

Petrakis（2002）在排放税视角下，考虑了减排投入和减排措施，研究了政府对减排投入的最优补贴问题，比较了分别采取补贴和鼓励合作两种技术政策后企业的研发水平和社会福利。孟卫军（2010）在 Poyago-Theotoky（2007）研究基础之上，引入了政府环境政策，分析了减排研发

投入及政府最优减排补贴的问题，并比较了征税和补贴的不同效果，同时发现税率的不同会导致减排研发补贴政策所带来的社会福利的不同。孟卫军（2010）也研究存在碳税情形下，政府和双寡头企业组成的三阶段博弈模型，横向企业选择减排研发合作与不合作两种不同的策略时的政府补贴、减排水平和社会福利差异。Greaker（2008）建立了由政府、上游减排技术提供商和下游污染企业组成的三阶段博弈模型，发现政府对下游污染企业更为严格的环境政策将导致上游减排技术提供商竞争加剧，从而降低减排成本。De Marchi（2011）通过对西班牙制造公司的实证分析，从供应链角度探讨了企业研发合作战略与环保创新之间的关系，并分析了环保规制下合作活动与内部环保研发创新投入的替代效应。

2.5.3 政府政策与企业减排行为的博弈关系研究

黄鑫等（2008）以博弈论为工具分析政府监管者如何通过财政工具引导企业积极遵守和服从节能减排政策，并提出了促进企业积极参与节能减排的经济激励政策性建议。徐伟等（2008）将举报行为考虑到政府和企业的博弈关系中，提出了政府应采取的相关政策和措施。吴竑等（2011）利用诺思的外部性理论，说明出口企业污染环境是负外部性的典型事例，政府有效监管将改变出口企业成本博弈。杨亚琴（2012）从政府强制减排机制视角分析了企业超额排放的动因，在此基础上对双方在不同情形下的最优决策进行了选择，并相应地提出了促进企业遵守强制减排政策的建议。杨家威（2010）归纳了各国政府补贴的有效政策，并利用博弈论的思想分析了政府、企业和消费者三者的博弈关系，得出了政府低碳创新补贴应该偏向消费者的结论。

2.6 供应链低碳化运营研究

正如 Carbon Trust（2006）指出的：经济活动中的所有碳排放都是因满足终端消费者的需求而产生，任何最终产品的碳排放都是从原材料到产成品全过程的累积；将供应链各环节联系在一起管理碳足迹不仅能降低碳排放，还能为企业创造财务价值。关于低碳环境下的供应链管理的研究还处于起步阶段，主要涉及企业生产决策和资源优化配置、物流与供应链网络设计和低碳供应链运营管理三个方面。

2.6.1 企业生产决策和最优订货批量问题

已经有一些学者将碳排放交易引入到企业的生产决策和优化方面。杜少甫等（2009）基于碳排放总量限制、交易机制和排放许可等影响下构建了企业生产优化模型，分析了排放许可与排放交易机制对排放企业运营策略的影响。Klingelhfer 等（2009）研究了碳排放交易对企业末端排污处理技术投资的影响，发现了碳排放权交易对排污技术投资有多个方面的影响。陈波等（2010）对钢铁行业实行转炉钢渣内部综合治理规划后的碳减排进行了研究，发现改进钢渣处理工艺和处理方式，可以减少大约 10%~14.2%的碳排放量。何大义等（2011）将碳排放权作为企业重要的资源考虑到企业决策中，得到了考虑碳排放下的企业最优生产决策、碳权交易决策和净化处理决策行为。Zhang 等（2011）考虑了排放依赖型制造商在随机需求下的生产决策问题，在该决策系统中，碳排放被认为是生产决策中一个重要的影响因素，考虑了碳排放许可的三种获得途径（碳配额、碳交易和低碳技术净化），研究得出了制造商的最优生产规模和最优生产净化处理策略。Song 等（2012）考虑了强制碳排放量、碳排放税和碳交易系统等减排政策下的经典单周期报童问题，分别在每一种政策下分析了企业的最优产量和最大的利润。侯玉梅等（2013）考虑了在垄断市场情形下寡头双方的生产最优决策，并结合各自不同的净化处理水平分析了企业的最优碳排放量，在此基础上，给出了双寡头企业各自的减排策略。

由此可见，将政府环境规制和碳排放交易引入到企业的生产运营中，是目前研究的主要方向之一，而且大多集中于对碳排放量、生产最优决策、碳交易机制和减排策略等方面。

还有一些文献是针对碳排放权交易机制下的库存和订货批量进行研究。Harris 等（2011）利用仿真模型进行实证分析，证实了若考虑碳排放约束，需要同时考虑成本最小化和环境目标进行决策。Hua 等（2011）研究认为，碳排放交易是抑制碳排放量的最有效的市场机制之一。书中分析了在碳排放交易机制下，企业如何管理库存过程中的碳足迹，考虑在碳交易、碳配额、碳价格、碳排放量及总成本等多种因素影响下的最优订货量，并利用数值分析对结论进行了分析和验证。Chen 等（2011）利用经济订货批量（EOQ）模型进行数值分析如何通过订货批量来减少碳排放。Li 等（2012，2013）研究了考虑碳交易的企业生产—库存策略。利用最优控制理论解决这一生产—库存问题，得出了最优的库存水平和总成本最小目标下的最优生产率。

2.6.2 运输方式选择与供应链低碳化设计

较早研究供应链运输方式中碳排放成本和碳排放规制的学者是 Hoen 和 Fransoo 等。Hoen 等（2010，2011）研究考虑排放规制时如何通过运输方式的选择降低既定空间结构供应链的碳排放，考虑了排放成本和排放约束两种情形后发现，排放成本在整个成本中只占很小的比例，因此直

接的征收碳税或者通过市场机制如碳交易并不能够使运输方式发生大的变化，故对减排也不会有明显的贡献，如果政策制定者的目标是碳排放量减少到一定程度，则需要使用碳排放约束的手段实现。

Boere 等（2010）针对运输中的碳排放研究了五个方面的内容：①如何减少运输中的碳排放？②如何选择运输方式来减少碳排放？③碳排放、成本和运输提前期中存在哪些可以减少碳排放水平的活动？④如何实现二氧化碳减排活动及减排对内部管理的影响是什么？⑤如何实现运输中的减排的监督？

Hoen 等（2011）探讨了在产品有碳排放受约束时，如何在已经存在的供应链网络中选择合适的方式，使得在满足碳排放约束的条件下总的运输成本最小的问题。其他学者则研究考虑碳交易和排放量约束时的供应链网络设计。Velázquez-Martínez 等（2011）研究了运输中的碳足迹的计量问题，提出了在动态批量模型中基于物流运输与环境网络的不同聚合方法的详细计量和估算方法。

供应链空间结构的再设计必然影响供应链的碳足迹，并对供应链的运营产生深远影响，部分文献研究了在碳排放约束下考虑碳交易的供应链结构设计。Dlabat 等（2009）提出了一种新的绿色供应链管理优化模型，该模型将环境约束及其对供应链的影响（如碳排放量等）进行了整合，通过这一模型，可以分析企业在碳排放限制下的最优策略，同时还兼顾了最小化其成本。他的工作不仅是研究了碳足迹影响下的供应链空间结构设计，还分析了碳足迹减少对供应链运营的影响。Cholette 等（2009）发现，不同的供应链结构会导致葡萄酒分销的碳强度产生很大差异。Elhedhli 等（2012）将碳排放考虑到供应链网络设计中，考察了碳排放与供应链节点之间的物流关系。还有一些文献在此基础上将全生命周期评价考虑到供应链网络设计中。Ramudhin 等（2010）考虑了供应链网络设计中生命周期评价问题，分别设计了基于全生命周期评价的通用供应链模型，该模型可以在不同的环境政策条件下（如循环或减排等），提供供应链整体的最优决策。Bojarski 等（2009）则利用生命周期评价，将碳交易机制和环境干预措施的时空分布特征考虑到供应链网络设计模型中用于评价当前的环境监管政策或寻求更有效的监管措施。Chaabane 等（2012）利用整数规划方法在考虑全生命周期评价的基础上对可持续供应链的网络设计进行了研究，认为政府规制和排放交易机制必须在全球水平上来协调和加强才能更好地实现可持续发展。

2.6.3 低碳环境下的供应链运营

在考虑环境的供应链运营研究中，关于可持续供应链（Corbett 等，2006）和绿色供应链（Barari 等，2012）的研究目前较为成熟，经济和环境冲突的不断增加是促进可持续发展和绿色供应链管理和协调的动因之一。

一些学者和环境规制制定者开始逐渐关注碳排放问题对供应链运营的影响。Benjaafar 等（2009）、Cachon（2009）首先从不同的角度将碳排放引入到供应链运营中，分析如何通过供应链运营决策调整（如配送频率和设施位置选择等）减少供应链的碳排放，并探讨了供应链中企业合作对成本和碳排放降低的影响。Du 等（2011）研究了两级有碳排放依赖的供应链的绩效问题和供应链成员不同的行为和决策机制。

事实上，供应链本身是一个系统，其某一环节的碳排放和减排努力会影响到其他企业的碳排放水平以及产成品总的碳排放。确定供应链全过程的碳足迹，并将该碳足迹分解到供应链中的各个主体，这样才能确定各企业的减排责任，并分析最优的减排分布。Abdallah T 等（2010）研究碳敏感性供应链如何通过绿色采购来最小化供应链碳排放。Cachon（2011）研究供应链零售商下游网点布局如何在满足碳排放约束的同时使运营成本最小化，并分析了不同网点布局对消费者的影响。Ki-Hoon Lee（2011）以现代汽车公司（HMC）为例，分析如何从供应链的角度进行碳

足迹测量，在此基础上识别供应链碳排放的影响源以便采取有效措施控制整个供应链的碳排放。Keskin等（2011）研究在联合生产中如何将碳排放量分配到生产流程的各个环节。

随着环境问题对供应链低碳化运营压力的不断增强，考虑供应链合作减排的问题也变得非常重要（Caro等，2011）。环境政策的不断严格和低碳经济的到来必然推动供应链低碳化运营（Yang等，2011）。包括低碳环境下供应商的选择问题和供应链联合减排合作与协调问题等。

就供应商的选择而言，在环境问题对供应链管理的压力不断增强的背景下，供应链中供应商的选择中，考虑碳排放成为重要因素之一，在对供应商进行选择时要权衡成本和排放水平，为了达到这一目标，建立了碳排放敏感型供应链，可以通过绿色采购实现排放量最大限度地减少（Shaw等，2012；Abdallah等，2012）。在此基础上，赵道致等（2012）研究了碳排放权限制和允许交易的制度下供应链整体低碳化策略，分析认为应该由核心企业协调供应链其他企业，制定供应链最优减排方案，通过对供应链碳排放权的优化配置实现供应链减排目标。

在供应链契约研究中，供应链成员之间通过供应链协调契约可以消除分散决策下的双边际效应，并获得最优的产出。有许多学者利用这些供应链契约设计研究了低碳供应链问题。李友东等（2016）利用收益分享契约和成本分摊契约研究了供应链减排合作机制设计问题。Wang等（2016）研究了零售商占主导的供应链批发价格契约和成本费分摊契约并在消费者低碳偏好的视角下分析了供应链双方的减排合作机制。李媛等（2013）研究了具有公平偏好的制造商向零售商提供两部定价契约的低碳供应链协调问题。徐春明等（2016）考虑需求同时受市场价格和排放水平的影响，利用寄售契约、收益共享契约以及收益共享与减排成本共担三种契约研究了供应链企业的减排优化决策。可以发现，学者们越来越多地利用几种契约的组合形式来研究低碳供应链合作机制问题。

由此可知，关于碳排放约束下供应链运营的研究前期主要集中在运输方式的选择、供应链结构的选择、生产决策等方面；随着环境问题的日益凸显，许多学者逐步开始对供应链运营集成、企业与政府行为演化、消费者低碳意识影响下的供应链低碳运营决策以及供应链减排合作等方面进行了研究，这也是目前供应链管理研究的热点之一。

2.7 小 结

近些年，国外学者越来越多地开始关注低碳经济背景下的供应链运营问题，我国在低碳供应链方面的研究也是从近几年才开始，尤其是针对供应链低碳化过程中政府和供应链成员之间的合作机理、成本分摊、激励机制等研究。

通过对相关文献的梳理不难发现，这些文献在力量不对等供应链、碳交易、政府规制（补贴、碳税等）和碳排放方面已有大量研究，但对于基于环境的供应链低碳化运营的研究显得不够全面系统。已有的文献对于政府如何在既定的环境政策下通过减排政策来激励供应链低碳化运营这一问题，还需要科学系统地进行研究。

传统生产方式中，企业及其供应链只涉及资源交易和产品交易的二维交易模式。在这种二维交易模式下，企业决策的焦点是上游资源投入与下游产品产出之间的投入产出优化，以最大化企业利润。低碳经济模式下，碳交易市场逐渐形成和完善，碳权成为可交易的商品加入到企业的日常运营中，这将改变企业的成本构成和销售收入构成。企业与外部市场的交易除了传统的资源交易和产品交易外，还有碳排放许可权（即碳权）的交易（见图 2.1）。企业在决策过程中，需要在三者之间权衡，

很多情形下需要减少前两种交易量，转而寻求在碳排放上的交易收益将可能使企业有更大的收益。基于此，探讨在两种外力（即政府和消费者）对供应链绩效的影响就显得非常有意义。政府主要是通过各种环境政策，诸如碳税、碳交易、碳配额、碳中和、减排补贴等手段改变企业的行为，使其生产更加绿色环保的产品；消费者对供应链的影响主要体现在需求侧，即消费者存在低碳偏好，一定比例的消费者更加偏好购买低碳产品，从而影响对企业产品的需求，进而影响整个供应链的绩效。同时，政府的环境政策除了对供应链主体有规制作用外，也能够通过引导消费者从而改变消费者的购买偏好达到实现企业减排的目的。

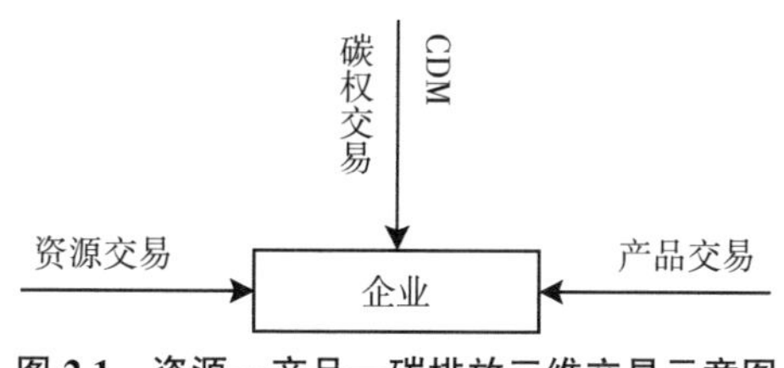

图 2.1　资源—产品—碳排放三维交易示意图

第3章　考虑消费者低碳偏好的两级供应链博弈分析

3.1　消费者低碳偏好

当前气候和环境问题已经成为人们关注的焦点，减缓气候变暖和加强环境保护已经成为关系人类生存和发展的关键性议题。为了实现可持续发展，改变人类现有的消费模式，适应低碳经济时代的消费模式就显得尤为重要了。2007年9月8日，国家主席胡锦涛在亚太经合组织（APEC）第十五次领导人会议上，郑重提出气候变化问题要用发展变化的思路来解决，通过宣传教育、倡导生态消费等手段逐渐提高公众对减少碳排放和保护环境的意识，让每个人自觉而不是强迫地为减缓和适应气候变化努力。

消费者的低碳消费模式是实现减排的重要外部力量，因此如果从需求侧，即消费者的低碳意识的引导方面努力，可以取得更好的效果。按照经济学的基本理论，需求和供给的平衡关系是基本规律，消费者低碳意识的提高，自然会对企业的运营模式的变革产生推动作用，企业为了适应市场需求，必然会在消费者的低碳意识和低碳消费下减少产品的碳排放水平。

低碳经济给人类的观念和行为带来了巨大的影响，人们的消费理念和消费行为正在发生着重大的改变，人们开始考虑消费品的碳排放水平对环境的影响，消费者更加偏好于对环境和健康都有益处的绿色低碳产品。事实上，早在 1994 年，Drumwright（1994）在其论文中就针对美国的消费者进行了一项关于产品环境友好型与消费者购买决策之间关系的调查，75%的消费者认为他们的购买决策受到产品生产企业的环境信誉的影响，同时 80%的消费者愿意为环境友好型产品支付更高的价格。ENDS（1994）调查显示：在英国，87%的被调查者希望能够更多了解企业产品对环境的影响程度，88%的受访者希望在购买产品时能够从产品包装上通过明确标识产品的环保程度来决定购买何种产品。

低碳经济背景下环境压力的不断增加，加之社会、经济、商业、财政和立法等手段将导致消费者的行为和需求发生根本性的变化，也必然导致低碳环保产品需求的增加，消费者的需求是减排的最根本的动力，因此从某种意义上来说，碳排放是为满足终端消费者的需求而产生的。企业建立环境管理系统，对供应商的评价和监督也是这一系统的重要的组成部分。因此，通过供应链将环境保护决策行为扩展到其上游和下游可能是一种行之有效的提高环境绩效的手段和方法。Lamming 等（1996）以消费者的购买行为和供应链管理为视角研究了环境管理问题，详细分析了消费者的购买行为、消费偏好和环境管理方法（企业全生命周期分析、废物处理、产品生产过程管理等），并将这些方法扩展到供应链的实践中，诸如供应商评价、全面质量管理、精益供应和协作供应等方面；同时从供应链管理实践证明，从供应链角度进行环境治理是一种行之有效的途径。按照低碳发展理念，消费者的低碳偏好程度会逐渐增加，消费者的消费理念将会从只注重产品的使用特性而逐步变为注重产品的碳排放水平和环保程度。换言之，低碳消费最终会成为社会消费的主流。

随着消费者环保意识的不断加强，越来越多的消费者愿意为低碳产品支付更高的价格，而低碳消费的前提是制造业提供低碳产品，要求制造业选择低碳运营模式；制造业选择低碳运营模式的根本原因是由消费者的选择决定的，如消费者选择购买绿色家居、节能型家电等。因此，企业不得不考虑如何减少碳排放量以获得更大的收益。在此背景下，消费者的低碳偏好如何影响产品的制造商和零售商，如何将碳排放切实地考虑到企业的决策过程中是迫切需要解决的现实问题。鉴于此，探究消费者低碳选择偏好影响下的供应链博弈关系显得尤为必要。

3.2　单一制造商和单一零售商的两级供应链运营低碳化博弈研究

3.2.1　问题描述与模型假设

考虑单一制造商和单一零售商组成的两级低碳供应链系统，制造商和零售商双方为独立的实体。

模型假设如下：

假设 3.1　供应链中制造商的成本包括两部分：一部分是原有生产过程中单位产品的普通成本 c，另一部分是由于制造商为了减少碳排放量而付出的成本 he^2，其中制造商采取低碳供应链管理措施促进产品环境友好水平的提高，需要付出相应的成本 h，如开展生态设计，选择环境友好的原材料，与供应商环保合作等。假设研发成本与单位产品碳排放量的减少水平 e 呈二次方关系，即：

$$c + he^2 \tag{3.1}$$

假设 3.2 商品的逆需求函数为：

$$p = a - bq + te \tag{3.2}$$

式中，q 为产品的市场需求量（零售商的订货量），p 为产品的价格，t 为单位碳排放量减少下的产品需求增长率，即消费者低碳偏好水平，其中 a，b，t > 0。产品的市场需求受到不同价格下愿意接受该价格的消费者数量的影响。其下限是零，对于不同的产品，其上限是不一样。由此可知，产品碳减排量与产品的价格呈线性关系，即消费者愿意为低碳产品支付更高的价格，类似的需求函数已经广泛用于供应链的研究中。

假设 3.3 消费者愿意支付的最高价格大于制造商的普通生产成本，即 a > c。

假设 3.4 均衡状态下，供应链成员都有正的需求和非负利润。

3.2.2 模型结构与参数

考虑由单个制造商和单个零售商组成的两级供应链，制造商居于主导地位，其基本结构如图 3.1 所示：

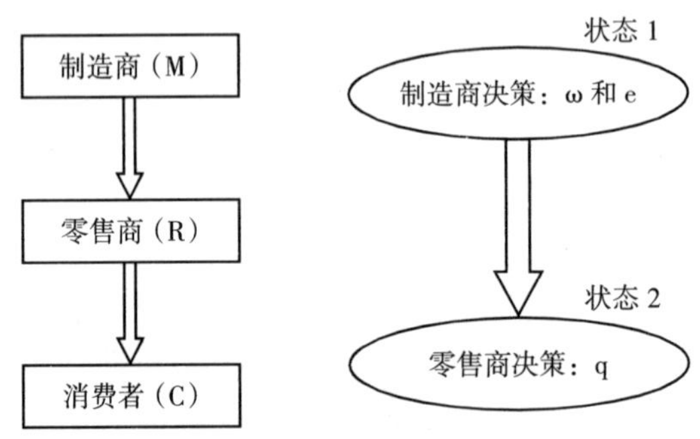

图 3.1 供应链结构与决策过程

对本模型涉及的主要参数作汇总，如表 3.1 所示。

表 3.1　主要参数及其说明

参数	说明	参数	说明
p	零售商的零售价格	ω	制造商的批发价格
a	市场出清价格	b	需求对价格的弹性
t	消费者的低碳偏好水平	q	零售商向制造商的订货量
e	单位产品的碳排放减少量	h	减排成本影响因子
π_m	表示制造商的利润函数	c	不考虑减排的制造商的生产成本
π_r	表示零售商的利润函数	π_c	供应链的总体利润

3.2.3　模型分析

由以上假设，

零售商利润函数为：

$$\pi_r = q(a - bq + te - \omega) \tag{3.3}$$

制造商利润函数为：

$$\pi_m = q(\omega - c - he^2) \tag{3.4}$$

以下讨论合作博弈和制造商居主导地位的非合作博弈两种情况下，制造商减少碳排放量的问题，为比较不同情形，我们先分析集中决策情形下供应链的问题。

3.2.3.1　集中决策下的供应链碳减排量分析

在供应链集中决策模式下，假设存在一个中心决策者，它是以供应链整体收益最大化为目标，制造商相当于供应链的一个部门，制造商的碳排放减少量和零售商的订货量服从供应链整体收益最大化这一目标，其决策变量为 q 和 e，在集中决策的过程中，制造商和零售商的讨价还价能力是相同的，因此该问题可以描述为模型：

$$\pi_c = q(a - bq + te - c - he^2) \tag{3.5}$$

命题 3.1　集中决策下两级低碳供应链存在唯一最优解，其最优决策为：

$$\begin{cases} q = \dfrac{a - c + \dfrac{t^2}{8h}}{2b} \\ e = \dfrac{t}{2h} \end{cases}$$

证明：由式（3.5）利用一阶导数求解对应的产量和碳减排放量。

$$\begin{cases} \dfrac{\partial \pi_c}{\partial q} = a - bq + te - c - he^2 - bq = 0 \\ \dfrac{\partial \pi_c}{\partial e} = q(t - 2he) = 0 \end{cases}$$

存在三个满足一阶条件的解（即求最优解的必要条件）即：

$$\begin{cases} q = \dfrac{a - c + \dfrac{t^2}{8h}}{2b} \\ e = \dfrac{t}{2h} \end{cases}, \quad \begin{cases} q = 0 \\ e = \dfrac{t + \sqrt{t^2 + 4h(a - c)}}{2h} \end{cases}, \quad \begin{cases} q = 0 \\ e = \dfrac{t - \sqrt{t^2 + 4h(a - c)}}{2h} \end{cases} \tag{3.6}$$

考虑到正的需求和利润非负（假设 3.3 和假设 3.4），舍去其他两个满足一阶条件的解，利用海塞矩阵检验解的合理性，令 $A = \partial^2\pi/\partial q^2 = -2b$，$B = \partial^2\pi/\partial e^2 = -2qh$，$C = \partial^2\pi/\partial q\partial e = t - 2he$，由假设可知 $A < 0$，将式（3.6）代入 B，C，可得 $B < 0$，$C = 0$，从而 $AB - C^2 > 0$，依据多元函数极值存在的充分条件，易知 π_c 关于 e，q 存在最大值，从而得到集中决策下的最优值为：

$$\begin{cases} q_c^* = \dfrac{a - c + \dfrac{t^2}{8h}}{2b} \\ e_c^* = \dfrac{t}{2h} \end{cases}$$

供应链整体收益的最优值为：

$$\pi_c^* = \frac{1}{256bh^2}(8ah - 8ch + t^2)(8ah - 8ch + 3t^2) \tag{3.7}$$

证毕！

3.2.3.2　分散决策下的供应链碳减排量分析

本章以制造商为该供应链中的核心企业，具有主导地位，双方进行两阶段的斯塔克尔伯格博弈，作为核心企业的制造商将先决定减排量 e 和批发价格 ω，零售商在制造商决策的基础上确定 p 和 q，从而形成具有决策先后顺序的斯塔克尔伯格博弈。

命题 3.2　分散决策下两级低碳供应链存在唯一最优解，其最优决策为：

$$\begin{cases} e_0^* = \dfrac{t}{2h} \\ \omega_0^* = \dfrac{1}{8h}(4(a+c)h + 3t^2) \\ q_0^* = \dfrac{t^2 + (a-c)h}{16bh} \end{cases} \tag{3.8}$$

证明：按照标准的斯塔克尔伯格博弈模型的解决方法，利用假设 3.3 和假设 3.4。

第一步：在制造商确定的 ω 和 e 的情况下，解决零售商的利润最大化问题。

$$\max\pi_r = q(a - bq + te - \omega) \tag{3.9}$$

对 q 求偏导数可得 $\partial\pi_r/\partial q = a - bq + te - \omega - bq = 0$，从而求得使零售商利润最大的订货量，即：

$$q_0^*(\omega,\ e) = \frac{a + te - \omega}{2b},\quad p_0^*(\omega,\ e) = \frac{a + te + \omega}{2b} \tag{3.10}$$

第二步：解决制造商的最优化问题。

将式（3.10）代入式（3.4）可得：

$$\max\pi_m(\omega,\ e)=\frac{1}{2b}(a+te-\omega)(\omega-c-he^2) \tag{3.11}$$

对 $\pi_m(\omega,\ e)$ 关于 ω 和 e 求偏导得：

$$\frac{\partial\pi_m(\omega,\ e)}{\partial\omega}=\frac{1}{2b}(a+c+te+he^2-2\omega)=0$$

$$\frac{\partial\pi_m(\omega,\ e)}{\partial e}=-3hte^2+2he(\omega-a)+t(\omega-c)=0$$

解此方程组，考虑到制造商的单位产品利润非负的条件，即要满足 $\omega-c-he^2>0$，可得唯一最优解：

$$\omega_0^*=\frac{1}{8h}[4(a+c)h+3t^2],\ e_0^*=\frac{t}{2h} \tag{3.12}$$

第三步：确定 p 的值。

将式（3.12）代入式（3.10）可得：

$$q_0^*=\frac{t^2+(a-c)h}{16bh},\ p_0^*=\frac{12ah+4ch+7t^2}{16h} \tag{3.13}$$

将式（3.12）、式（3.13）分别代入式（3.9）和式（3.11）得到分散决策下零售商和制造商的最优值分别为：

$$\pi_{r0}^*=\frac{1}{128bh^2}[t^2+(a-c)h]^2,\ \pi_{m0}^*=\frac{1}{256bh^2}[t^2+(a-c)h]^2$$

此时供应链的总体利润为：$\pi_{c0}^*=\frac{3}{256bh^2}[t^2+(a-c)h]^2$

易证 e_0^* 和 q_0^* 满足假设 3.1。证毕！

与集中决策的供应链情况比较发现 $e_c^*=e_0^*$，$\pi_c^*>\pi_{c0}^*$，$q_c^*>q_0^*$，即在集中供应链制造商的减排量和分散决策下的减排量相同，但零售商的订货量、供应链整体利润均高于制造商居主导地位的分散供应链情况。

3.2.4 基于供应链契约的协调分析

本章利用收益分享契约来协调该低碳供应链。我们假设该制造商的单

位碳减排量为 e_c^*，批发价格为 ω_m，制造商会分享下游零售商一定的利润，设比例为 $1-l$，此时零售商的利润发生了变化，其期望利润变为 $\pi_r = lq(a - bq + te_c^* - \omega_m)$，当制造商在供应链中处于强势地位时，在制造商规定批发价格 ω_m 的情形下，零售商的最优订购量为 $q = (a + te_c^* - \omega_m)/(2b)$，令 $q = q_c^* = [a - c + t^2/(8h)]/(2b)$，从而得到：

$$\omega_m = c + \frac{3t^2}{8h} \tag{3.14}$$

对比非合作博弈下的相关结论，可知 π_r 的范围为：

$\pi_{r0}^* \leqslant \pi_r = lq(a - bq + te_c^* - \omega_m) \leqslant \pi_c^* - \pi_{m0}^*$，将 ω_m 和 q 代入后得到 l 的范围为 $2\left(\frac{t^2 + (a-c)h}{t^2 + 8(a-c)h}\right)^2 \leqslant l \leqslant \frac{2t^4 + 30(a-c)ht^2 + 63(a-c)^2h^2}{(t^2 + 8(a-c)h)^2}$。

上面讨论表明，零售商的保留利润越高，l 越高。在上面给定的 ω_m 和 l 下，分散供应链的利润达到了集中决策时的供应链的利润水平，且利润可以在制造商和零售商之间任意分配。

3.2.5　比较与分析

依据上面的讨论结果，本节以制造商为例，对消费者低碳偏好和减排技术水平下的减排水平、利润等进行比较。

推论 3.1　随着消费者的低碳偏好的增加，零售商和制造商的利润 π_r 和 π_m 都将增加。

证明：由前面讨论可知，斯塔克尔伯格博弈均衡下的零售商和制造商的利润分别为：

$$\pi_r = \frac{1}{128bh^2}[t^2 + (a-c)h]^2$$

$$\pi_m = \frac{1}{256bh^2}[t^2 + (a-c)h]^2$$

由假设可知，$a>c$，则 $\partial\pi_r/\partial t=t(t^2+(a-c)h)/(32bh^2)>0$，$\partial\pi_m/\partial t=t(t^2+(a-c)h)/(64bh^2)>0$，即随着消费者低碳偏好的增加，制造商和零售商的利润都将增加。证毕!

以上结果说明：当消费者的低碳偏好增加时，即消费者更愿意为低碳环保产品支付更高的价格，则低碳产品会对整个供应链提供更多的产品附加值增值收益，自然供应链成员的收益都会增加。

推论 3.2 当减排成本影响因子 h 减少，制造商的碳排放减少水平 e 将增加，并且减排成本 he^2 也增加。

证明：由于均衡状态时 $e=t/(2h)$，显然，随着 h 的减少，制造商的碳排放减少水平 e 将增加；且由于减排成本 $he^2=h\cdot[t/(2h)]^2=t^2/(4h)$，显然，随着 h 的减少，制造商的减排成本 he^2 也将增加。证毕!

由此可以看出，当减排成本影响因子下降，制造商将增加低碳产品的投入和生产，因此产品的碳排放减少量会增加。显然，低碳产品的减排成本也会增加，这是由于减排使企业的边际成本上升导致的。

推论 3.3 当减排成本影响因子 h 减少时，制造商和零售商的利润都将增加。

证明：由于零售商和制造商的利润分别为：

$$\pi_r=[t^2+(a-c)h]^2/(128bh^2)$$

$$\pi_m=[t^2+(a-c)h]^2/(256bh^2)$$

因此对其求偏导，可得：

$$\partial\pi_r/\partial h=[-t^4-2(a-c)t^2h]/(32bh^3)<0$$

$$\partial\pi_m/\partial h=[-t^4-2(a-c)t^2h]/(64bh^3)<0$$

由此可见，随着减排成本影响因子 h 的下降，制造商和零售商的利润均增加。证毕!

综上可见，制造商的减排成本影响因子 h，即产品的减排效率提高，会促进企业投入更多的资源用于减少碳排放，有利于整个环境绩效的改

善，对于企业可以通过供应链合作、政府投入等方式从减排研发效率的提高、低碳技术创新等手段来实现对减排成本影响因子的减少，从而激励企业更多地将资源投入到减排中，实现产品在整个产品周期的碳排放量的下降；以上比较说明，在消费者低碳偏好比较低时对降低碳排放的压力小，企业缺乏减排研发和低碳技术创新投资的积极性，必然导致减排成本影响因子较高，从而企业的减排量降低；反之，当消费者低碳偏好较高，对低碳产品需求的增加使企业的减排研发和低碳技术创新投资的积极性增强，更多的减排研发和技术创新投资使减排成本影响因子下降，从而实现产品的碳排放减少量增加。

3.3　两个制造商和单一零售商的两级供应链运营低碳化博弈研究

3.3.1　问题描述与模型假设

对模型假设如下：

假设 3.5　供应链中制造商的成本由两部分构成，类似于假设 3.2 可以得到：

$$c + he^2 \tag{3.15}$$

假设 3.6　商品的需求函数为：

$$q = a - p + te \tag{3.16}$$

式中，q 为产品的市场需求，p 为产品零售价格，t 为单位碳排放量减少下的产品需求增长率，即消费者低碳偏好水平，产品的市场需求受到不同价格下愿意接受该价格的消费者的数量的影响。其下限是 0，对于不同的产品，其上限不一样。a，b，t > 0，由此可知，产品碳减排量与产品的价格呈线性关系，即消费者愿意为低碳产品支付更高的价格，相同的需求函数已经广泛用于供应链的研究中。

3.3.2 模型结构与参数

考虑一个零售商和两个制造商，制造商投入资金减少制造过程中碳排放，两个制造商生产的产品可以相互替代，并共同面对一个寡头零售商（如沃尔玛、家乐福、国美、苏宁等），考虑制造商的价格竞争和制造商减排对需求的影响，即制造商减排导致对其产品需求的增加。其基本结构如图 3.2 所示：

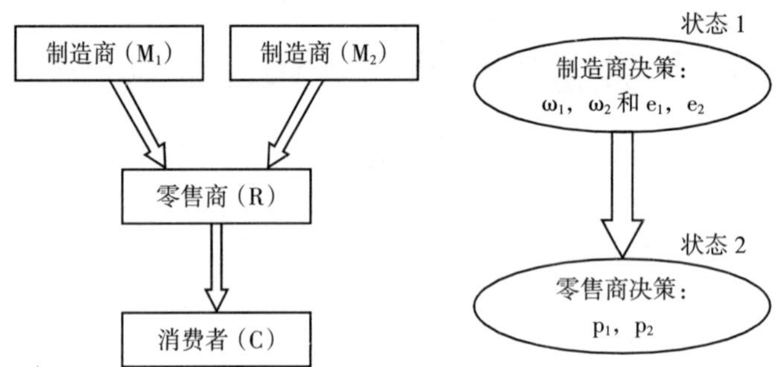

图 3.2 供应链结构与决策过程

对本模型涉及的主要参数作汇总，如表 3.2 所示。

表 3.2 主要参数及其说明

参数	说明	参数	说明
p_1，p_2	零售商 R 的零售价格	ω_1，ω_2	制造商 M_1 和 M_2 的批发价格
e_1，e_2	M_1 和 M_2 单位产品的碳排放减少量	c_1，c_2	不考虑减排的制造商的生产成本
t	消费者的低碳偏好水平	h_1，h_2	制造商减排成本影响因子
a	不考虑消费者低碳偏好的市场出清价格	r	制造商的产品替代性，用于衡量产品的竞争强度
π_m	表示制造商的利润函数	q_1，q_2	零售商向制造商 M_1 和 M_2 的订货量
π_r	表示零售商的利润函数	π_c	供应链的总体利润

3.3.3　模型分析

假设制造商 M_1 和 M_2 的需求函数分别为：

$q_1 = a + t(e_1 - \theta e_2) - p_1 + \theta p_2$

$q_2 = a + t(e_2 - \theta e_1) - p_2 + \theta p_1$

式中，θ 表示两种产品的替代率，我们可以用需求函数的替代形式，写为如下形式：

$$q_1 = a + t[e_1 - k(e_2 - e_1)] - p_1 + r(p_2 - p_1) \tag{3.17}$$

$$q_2 = a + t[e_2 - k(e_1 - e_2)] - p_2 + r(p_1 - p_2) \tag{3.18}$$

参数 r 更好地表示了两个制造商的产品的替代性，两种产品的替代性并不影响产品的总需求。由于参数 r 能够更好地反映两种产品的替代关系，并且两种产品的总需求不依赖于替代率 r，因此这一替代形式更利于我们研究产品竞争的影响因素。

注意到需求函数式（3.17）和式（3.18）不仅易于处理，而且也考虑竞争性制造商的重要影响因素。另外，每一个影响因素都被需求函数中的一个特殊的参数代表，当不改变其他因素的情形下，可以考察供应链中每种因素的影响。值得注意的是，当 r = 0 代表两种产品互相没有替代性的情形，因此两个制造商在这种情形下没有竞争，需求函数变成了独立的需求函数。

依据两阶段动态博弈的假设，零售商面临的最优问题可以定义为：

$$\begin{aligned}\pi_r(p_1,\ p_2) = &\{a + t[e_1 - r(e_2 - e_1)] - p_1 + r(p_2 - p_1)\}(p_1 - \omega_1) + \\ &\{a + t[e_2 - r(e_1 - e_2)] - p_2 + r(p_1 - p_2)\}(p_2 - \omega_2)\end{aligned} \tag{3.19}$$

制造商 M_1 和制造商 M_2 面临的最优决策问题可以定义为：

$$\pi_{m1} = \{a + t[e_1 - r(e_2 - e_1)] - p_1 + r(p_2 - p_1)\}(\omega_1 - c_1 - h_1e_1^2) \tag{3.20}$$

$$\pi_{m2} = \{a + t[e_2 - r(e_1 - e_2)] - p_2 + r(p_1 - p_2)\}(\omega_2 - c_2 - h_2e_2^2) \tag{3.21}$$

式中，$p_1(\omega_1, e_1, \omega_2, e_2)$ 和 $p_2(\omega_1, e_1, \omega_2, e_2)$ 是给定制造商的批发价格和减排量下的零售商的价格反应函数。

3.3.4 两个制造商和一个零售商博弈的均衡分析

命题 3.3 制造商产品替代下的两级低碳供应链存在唯一最优解，制造商 M_1 和 M_2 及零售商 R 的最优策略分别为：

$$\begin{cases} e_1^* = \dfrac{t}{2h_1} \\ \omega_1^* = \dfrac{x_1 + y_1t^2 + z_1}{4(4 + 8r + 3r^2)} \end{cases}, \quad \begin{cases} e_2^* = \dfrac{t}{2h_2} \\ \omega_2^* = \dfrac{x_2 + y_2t^2 + z_1}{4(4 + 8r + 3r^2)} \end{cases}, \quad \begin{cases} p_1^* = \dfrac{x_1 + y_3t + z_2}{8(4 + 8r + 3r^2)} \\ p_2^* = \dfrac{x_2 + y_4t + z_2}{8(4 + 8r + 3r^2)} \end{cases}$$

其中，$x_1 = 8c_1 + 4r(4c_1 + c_2) + 4r^2(2c_1 + c_2)$，$y_1 = (6 + 12r + 4r^2)/h_1 - (r^2 + r)/h_2$，$x_2 = 8c_2 + 4r(4c_2 + c_1) + 4r^2(2c_2 + c_1)$，$y_2 = (6 + 12r + 4r^2)/h_2 - (r^2 + r)/h_1$，$y_3 = (14 + 28r + 10r^2)/h_1 - (r^2 + r)/h_2$，$y_4 = (14 + 28r + 10r^2)/h_2 - (r^2 + r)/h_1$，$z_1 = 12a + 8$，$z_2 = (24 + 44r + 12r^2)a$

证明：不失一般性，假设 $h_1 \geqslant h_2 > 0$，且 $m = h_2/h_1$。在这一供应链结构中，零售商处于寡头垄断地位，制造商产品具有一定的替代性，利用假设 3.1~假设 3.4，按照标准的斯塔克尔伯格博弈模型的解决方法。

第一步，求解零售商的最优化问题。

由式（3.19）可得零售商利润最大化的问题为：

$$\begin{aligned} \max\pi_r(p_1, p_2) = &\{a + t[e_1 - r(e_2 - e_1)] - p_1 + r(p_2 - p_1)\}(p_1 - \omega_1) + \\ &\{a + t[e_2 - r(e_1 - e_2)] - p_2 + r(p_1 - p_2)\}(p_2 - \omega_2) \end{aligned} \tag{3.22}$$

为了验证式（3.22）的凸凹性，需要考察其海塞矩阵：

$$\begin{pmatrix} \dfrac{\partial^2\pi_r}{\partial p_1^2} & \dfrac{\partial^2\pi_r}{\partial p_1\partial p_2} \\ \dfrac{\partial^2\pi_r}{\partial p_2\partial p_1} & \dfrac{\partial^2\pi_r}{\partial p_2^2} \end{pmatrix} = \begin{pmatrix} -2 - 2r & 2r \\ 2r & -2 - 2r \end{pmatrix}$$

由海塞矩阵可知，该函数为凸函数。因此其一阶导数为最优解。对式（3.22）关于 p_1 和 p_2 求偏导数可得：

$$\partial\pi_r/\partial p_1 = a + t[e_1 - r(e_2 - e_1)] - p_1 + r(p_2 - p_1) + (-1 - r)(p_1 - \omega_1) + r(p_2 - \omega_2) = 0$$

$$\partial\pi_r/\partial p_2 = r(p_1 - \omega_1) + a + t[e_2 - r(e_1 - e_2)] - p_2 + r(p_1 - p_2) + (-1 - r)(p_2 - \omega_2) = 0$$

解此方程组可得唯一最优解：

$$p_1^* = (a + te_1 + \omega_1)/2 \tag{3.23}$$

$$p_2^* = (a + te_2 + \omega_2)/2 \tag{3.24}$$

第二步，求解制造商的最优解。

利用式（3.20）和式（3.21）可得制造商 M_1 和 M_2 的最优问题分别为：

$$\max\pi_{m1}(e_1, \omega_1) = \{a + t[e_1 - r(e_2 - e_1)] - p_1 + r(p_2 - p_1)\}(\omega_1 - c_1 - h_1e_1^2) \tag{3.25}$$

$$\max\pi_{m2}(e_2, \omega_2) = \{a + t[e_2 - r(e_1 - e_2)] - p_2 + r(p_1 - p_2)\}(\omega_2 - c_2 - h_2e_2^2) \tag{3.26}$$

将 p_1^* 和 p_2^* 代入式（3.25）和式（3.26），由假设 $m = h_2/h_1$，令：

$$\underline{m} = t^2r(1 + r)/[4(-r^2c_1 + r_2c_2 + 3ra - 4rc_1 + rc_2 - 2c_1 + 2a)h_1 + (r^2 + 4r + 2)t^2],$$

$$\overline{m} = [4(-r^2c_2 + r^2c_1 + 3ra - 4rc_2 + rc_1 - 2c_2 + 2a)h_2 + (r^2 + 4r + 2)t^2]/[t^2r(1 + r)]$$

存在三种情形：（Ⅰ）$\underline{m} < m < \overline{m}$，（Ⅱ）$m \leqslant \underline{m}$，（Ⅲ）$m \geqslant \overline{m}$

若情形（Ⅰ）$\underline{m} < m < \overline{m}$ 成立。

则利用假设易证，在此情况下存在满足假设4和一阶条件的解只有一个，制造商 M_1 和 M_2 的最优减排量和最优批发价格分别为：

$$\begin{cases} e_1^* = \dfrac{t}{2h_1} \\ \omega_1^* = \dfrac{x_1 + y_1t^2 + z}{4(4 + 8r + 3r^2)} \end{cases} \tag{3.27}$$

$$\begin{cases} e_2^* = \dfrac{t}{2h_2} \\ \omega_2^* = \dfrac{x_2 + y_2t^2 + z}{4(4 + 8r + 3r^2)} \end{cases} \tag{3.28}$$

需要说明的是，由于两个制造商的目标函数都是非凸的，因此不能简单地利用二阶条件来判断，而是利用纳什均衡的条件，经过计算发现：对满足假设 4 的所有 $e_1 \geqslant 0$ 和 $\omega_1 \geqslant 0$ 都满足纳什均衡的充分条件，即：

$\pi_{m1}(e_1^*, \omega_1^*, e_2^*, \omega_2^*) \geqslant \pi_{m1}(e_1, \omega_1, e_2^*, \omega_2^*)$；同理，

$\pi_{m2}(e_1^*, \omega_1^*, e_2^*, \omega_2^*) \geqslant \pi_{m2}(e_1^*, \omega_1^*, e_2, \omega_2)$，因此 e_1^*，ω_1^*，e_2^*，ω_2^* 为情形（Ⅰ）的均衡解。

如果情形（Ⅱ）或情形（Ⅲ）成立，则满足一阶条件和假设 3.4 的解不存在，特别地，若 $m \leqslant \underline{m}$，则制造商 M_1 的成本结构（包括生产成本 c_1 和减排成本影响因子 h_1）与制造商 M_2 的成本结构（包括生产成本 c_2 和减排成本影响因子 h_2）相比已经处于完全劣势，最终导致制造商 M_1 退出市场。同样地，若 $m \geqslant \overline{m}$，则表明制造商 M_2 的成本结构（包括生产成本 c_2 和减排成本影响因子 h_2）与制造商 M_1 的成本结构（包括生产成本 c_1 和减排成本影响因子 h_1）相比已经完全处于劣势，此时制造商 M_2 会退出市场。无论是哪种情形，制造商中的一方的需求会变为零从而导致其退出市场，此时不再存在均衡解。

将式（3.27）和式（3.28）分别代入式（3.23）和式（3.24）得到零售商的最优零售价格为：

$$\begin{cases} p_1^* = \dfrac{x_1 + y_3 t + z_2}{8(4 + 8r + 3r^2)} \\ p_2^* = \dfrac{x_2 + y_4 t + z_2}{8(4 + 8r + 3r^2)} \end{cases}$$

由上面分析可知，当 $\underline{m} < m < \overline{m}$ 时，消费者对两个制造商的产品需求是正的，此外，由于零售商的利润函数式（3.22）是连续的凸函数，易证其最优值非负。故当博弈处于均衡状态时，零售商的需求是正的并具有非负的收益。证毕！

由于我们假设制造商 M_2 拥有更好的低碳减排技术和低碳研发能力，即制造商 M_1 的减排成本影响因子 h_1 大于或等于制造商 M_2 的减排成本影响因子 h_2，易知，当 $m = h_2/h_1 < (r^2 + r)/(4r^2 + 12r + 6)$ 时，随着消费者低碳偏好 t 的增加，制造商 M_2 的批发价格和零售商对产品 2 的零售价格都将提高；另外，随着消费者低碳偏好的增强，制造商 M_1 只能收取更低的批发价格。可见，在这种情况下，两个制造商 M_1 和 M_2 的竞争策略会不同，制造商 M_2 主要是通过向市场提供更加低碳的产品并收取较高的价格来增加收益；而制造商 M_1 则主要通过降低产品价格的方式来与制造商 M_2 竞争。

同样也可以得到，当两个制造商的减排成本影响因子之比满足 $m = h_2/h_1 > (r^2 + r)/(10r^2 + 28r + 14)$ 时，随着消费者低碳偏好的增加，零售商将会提高两种产品的零售价格；但是当 $m = h_2/h_1 < (r^2 + r)/(10r^2 + 28r + 14)$ 时，零售商将对两种产品采用不同的价格策略。

命题 3.4 当消费者的低碳偏好增加，制造商 M_2 和零售商 R 的收益均增加；制造商 M_1 的收益增加或减少与边界条件 m^* 相关，当两个制造商的减排成本影响因子的比值 $m > m^*$，则制造商 M_1 的收益增加；反之，则收益减少。这里假设 $m^* = (r + r^2)/(2 + 4r + r^2)$。

证明：（1）首先分析零售商的收益与消费者低碳偏好的变动之间的关

系。当博弈达到均衡情形下，零售商的收益为：

$$\Pi_r=[288(a-c)^2h_1^2h_2^2r^4+128(a-c)^2h_1^2h_2^2+11(h_1^2+h_2^2)t^4r^4+31(h_1^2+h_2^2)t^4r^3+(h_1-h_2)^2t^4r^5+37(h_1^2+h_2^2)t^4r^2-4h_1h_2t^4r^4-2h_1h_2t^4r^3+72(a-c)h_1h_2^2t^2r^4+240(a-c)h_1h_2^2t^2r^3+72(a-c)h_1^2h_2t^2r^4+240(a-c)h_1^2h_2t^2r^3+160(a-c)h_1h_2^2t^2r+32(a-c)h_1h_2^2t^2+20(h_1^2+h_2^2)t^4r+4(h_1^2+h_2^2)t^4+960(a-c)^2h_1^2h_2^2r^3+640(a-c)^2h_1^2h_2^2r+1184(a-c)^2h_1^2h_2^2r^2+296(a-c)t^2h_1h_2^2r^2+296(a-c)t^2h_2h_1^2r^2+160(a-c)t^2h_2h_1^2r+32(a-c)t^2h_2h_1^2]/[64(4+8r+3r^2)^2h_1^2h_2^2]$$

整理得：

$$\Pi_r=[32(a-c)^2h_1^2h_2^2(9r^4+30r^3+37r^2+20r+4)-2h_1h_2t^4(r^5+2r^4+r^3)+(h_1^2+h_2^2)t^4(r^5+11r^4+31r^3+37r^2+20r+4)+8(a-c)(h_1+h_2)h_1h_2t^2\cdot(9r^4+30r^3+37r^2+20r+4)]/[64(4+8r+3r^2)^2h_1^2h_2^2]$$

化简得：

$$\Pi_r=\{8(a-c)h_1h_2(9r^4+30r^3+37r^2+20r+4)[4(a-c)h_1h_2+(h_1+h_2)t^2]-2h_1h_2t^4\cdot r^3(r+1)^2+(h_1^2+h_2^2)t^4(r^5+11r^4+31r^3+37r^2+20r+4)\}/[64(4+8r+3r^2)^2h_1^2h_2^2] \tag{3.29}$$

对式（3.29）求偏导：

$$\frac{\partial\Pi_r}{\partial t}=[4(a-c)h_1h_2(9r^4+30r^3+37r^2+20r+4)(h_1+h_2)-2h_1h_2t^2r^3(r+1)^2+(h_1^2+h_2^2)t^2(r^5+11r^4+31r^3+37r^2+20r+4)]t/[16(4+8r+3r^2)^2h_1^2h_2^2] \tag{3.30}$$

由式（3.30）和假设3.4可知，$\partial\Pi_r/\partial t$ 随着 c 的增大递减，当 a = c 达到最小值令其为 A，则：

$$A=\frac{[(h_1^2+h_2^2)t^2(r^5+11r^4+31r^3+37r^2+20r+4)-2h_1h_2r^3(r+1)^2]t^3}{16(4+8r+3r^2)^2h_1^2h_2^2}$$

必然有 $\partial\prod_r/\partial t>A\geqslant 0$。

（2）分析制造商 M_2 的收益与消费者低碳偏好的变动之间的关系。当博弈达到均衡情形下，制造商 M_2 的收益为：

$$\begin{aligned}\prod\nolimits_{M_2}=&\{t^2[r^3(h_1-h_2)+(5h_1-2h_2)r^2+(6h_1-h_2)r+2h_1]+(a-c)h_1h_2\cdot\\&(12r^2+20r+8)\}\cdot\{(8+12r)(a-c)h_1h_2+[(h_1-h_2)r^2+\\&(4h_1-h_2)r+2h_1]t^2\}/[32(4+8r+3r^2)^2h_1^2h_2^2]\end{aligned}$$

其关于 t 的一阶导数为：

$$\begin{aligned}\frac{\partial\prod_{M_2}}{\partial t}=&t[r^3(h_1-h_2)+(5h_1-2h_2)r^2+(6h_1-h_2)r+2h_1]\cdot\{(8+12r)\\&(a-c)\cdot h_1h_2+[(h_1-h_2)r^2+(4h_1-h_2)r+2h_1]t^2\}+\\&t[(h_1-h_2)r^2+(4h_1-h_2)r+2h_1]\cdot\{t^2[r^3(h_1-h_2)+\\&(5h_1-2h_2)r^2+(6h_1-h_2)r+2h_1]+(a-c)h_1h_2\\&(12r^2+20r+8)\}/[8(4+8r+3r^2)^2h_1^2h_2^2]\end{aligned}\tag{3.31}$$

由于 $m=h_2/h_1$，故 $h_2=mh_1$，且 $0<h_2\leqslant h_1$，则必有 $0<m\leqslant 1$。将 $h_2=mh_1$ 代入式（3.31）化简可得：

$$\begin{aligned}B=&t[(r^5+9r^4+28r^3+36r^2+20r+4)t^2+t^2m^2(r^5+3r^4+3r^3+r^2)-\\&(2r^5+22r^3-4r+16r^2+12r^4)mt^2+(a-c)mh_1(12r^4+68r^3+\\&72r+112r^2+16)+(a-c)h_1m^2\cdot(12r^4-32r^3-28r^2+8r)]/\\&[8h_1^2m^2(4+8r+3r^2)^2]\end{aligned}$$

令 $B(m)=0$，则可得两个根为：

$m_1=(r^2+4r+2)/[r(1+r)]$，$m_2=(r^2+4r+2)/[r(1+r)+4(2+3r)(c-a)h_1/t^2]$。

由于 $a>c$，因此 $m_1>1$，$m_2>1$ 或 $m_2<0$，故当 $0<m\leqslant 1$ 时，$B(m)$ 无解；当 $m=1$ 时容易验证 $B(m)>0$。

综上所述，有 $\partial\prod_{M2}/\partial t = B(m) > 0$。

同理可证，当 $m > m^*$ 时，制造商 M_1 的利润随着消费者低碳偏好的增加而增加；当 $m < m^*$ 时，制造商 M_1 的利润随着消费者低碳偏好的增加而减少，其中，$m^* = (r + r^2)/(2 + 4r + r^2)$。证毕！

命题 3.4 表明：如果产品的竞争水平 r 较低，制造商 M_1 的收益会随着消费者低碳偏好的增加而增加；但如果产品的竞争较为激烈，只有当两个制造商的减排成本影响因子 h_2 和 h_1 的差距较小时，制造商 M_1 才可能获得收益的增加。

推论 3.4 当产品竞争程度增加，即 r 增加，则零售商的收益增加而制造商 M_1 的收益会下降；制造商 M_2 的收益增加或减少取决于临界值 $\hat{m}$，当两个制造商减排成本影响因子的比值 $m < \hat{m}$，则制造商 M_2 的收益将增加；反之则会减少。其中，$\hat{m} = \frac{t^2(3r^4 + 12r^3 + 26r^2 + 24r + 8)}{4(2 + 3r)^2h_1(a - c)r + t^2(3r^4 + 21r^3 + 38r^2 + 28r + 8)}$。

证明：利用命题 3.4 的证明方法，不难证明命题 3.5 成立。

推论 3.4 说明产品的竞争越激烈，对零售商越有利而对减排成本较高的制造商越不利，即随着制造商产品竞争的加剧，零售商获得了更多的收益；同时，减排成本较低的制造商的收益会减少；而减排成本较高的制造商的收益依赖于当前的竞争激烈程度、消费者的低碳偏好水平、需求和成本参数等诸多因素。竞争的加剧，直接将导致减排水平较高的制造商的可获利能力减弱，除非消费者的低碳偏好是强烈的且该制造商与其竞争对手相比而言有较强的成本优势。

商业环境不断改变和消费者对产品环保的要求不断提高促使企业都在努力提高产品的低碳化水平。本章的研究显示有低碳环保意识的消费者更愿意为低碳产品支付更高的价格，从而低碳产品可以为生产该产品的企业提供更高的收益。Chitra（2007）的研究显示消费者的低碳偏好越高，则越愿意为低碳产品支付更高的价格。因此，低碳产品的制造企业

可以通过一系列的努力（包括环保教育、市场推广、绿色低碳消费激励等）实现消费者消费行为的转变，从而将消费者的消费行为改变为低碳产品的需求增加。同时本章的研究也显示：通过将低碳意识加入到供应链中，低碳产品制造商不仅提高了它自身的竞争力，也提高了整个供应链的收益，从而使供应链中的低碳产品制造商和零售商的收益都增加。

尤其是当消费者的低碳偏好增强，零售商和产品低碳化程度较高的制造商的收益都会增加；产品低碳化程度较低的制造商如果能够通过努力缩小与产品低碳化程度较高的企业之间的减排成本，则可以获得收益的增加。

3.4　小　结

供应链管理的核心之一是通过对供应链各成员收益的影响因素进行分析来研究如何更好地提高各个成员的收益，包括上下游的合作、协调等，最终能够提高整个供应链的竞争力，本章研究消费者低碳偏好对供应链的收益的影响。研究结果显示，在考虑消费者低碳偏好的情况下，所得到的集中决策和分散决策的单位产品碳排放减少量是相同的，同时也发现当供应链中的制造商存在竞争时，竞争双方的碳排放减少量受到了消费者低碳偏好和减排成本影响因子两个因素共同影响。无论是单一制造商和单一零售商组成的供应链结构，还是两个竞争的制造商和单一零售商组成的供应链结构下制造商的减排量，都受到消费者低碳偏好和减排成本影响因子的共同影响，但其利润和订货量是不同的。消费者低碳偏好、制造商的减排成本影响因子以及竞争时的竞争激烈程度都将影响供应链各个成员的收益。

第 4 章　低碳供应链环境下政府和核心企业的演化博弈分析

人类所处的环境伴随工业化的步伐正面临前所未有的压力，气候变暖和大气污染已经是当前全球面临的最为紧迫的环境问题，全球气候变化问题已成为各国政府关注的焦点。2002 年召开的可持续发展国际首脑会议上，各国代表一致认为：要想实现可持续发展，首先必须改变非可持续发展的生产和消费模式。

环境成为世界各国都关注的问题，也制定了相关的法规，随之而来的是政府环境管制的更加严格和对环境破坏者惩罚力度的增强。无论是从观念还是从行为来看，低碳经济对整个世界和人类生活产生了巨大的冲击和影响，人们开始关注消费中的环境代价，愿意为健康的绿色低碳产品支付更高的价格。企业在生产过程中碳排放的减少，不仅取决于消费者的购买偏好，还取决于政府如何激励企业改变其固有的生产模式。政府采用多种规制（补贴或税收等）措施，可以激励供应链核心企业进行低碳采购，最大限度地降低供应链内部各个环节的碳排放，具体表现为尽可能地减少不必要的资源和能源消耗，从而减少碳排放量。

随着低碳经济研究的不断深入，人们逐渐开始关注低碳供应链的研究，这主要是因为供应链在低碳经济中占有特殊的地位。供应链从原材料供应商、制造商、零售商到消费者的一条完整的产业链条中，其各个环节都涉及能源的消耗和碳排放问题，某些供应链节点的碳排放可能在产品整个生命周期二氧化碳排放总量中占有较大的比例。在供应链中一般都存在具有强势地位的成员，这里称为供应链核心企业（Core Enterprises，CE），核心企业的低碳决策会影响供应链其他成员的低碳决策行为；在减少碳排放的过程中，政府作为公共政策的制定者和环境监督者，具有举足轻重的作用。因此，研究核心企业与政府环境规制之间的博弈关系就显得尤为重要。

4.1 问题描述

4.1.1 模型假设

为使问题简化，对研究问题做如下假设：

假设 4.1 政府指的是环境政策的制定者和监管方，如环保部门等。政府不会也不可能对每一个核心企业进行全面的碳排放进行监督，考虑到效率问题，假设政府对核心企业的产品检查有一定的概率。

假设 4.2 “经济人”假设：按照经济学基本假设，企业的生产经营目标是追求最大化利润，获得尽可能多的收益，因此企业对政府的经济激励（补贴或惩罚）较为敏感，而不是不惜成本只生产低碳产品。

假设 4.3 核心企业可以吸引供应链上游或下游相关节点企业加入该供应链。

4.1.2 博弈双方策略组合

供应链核心企业是供应链中的决策主导方，其低碳决策会影响整个供应链各成员的决策行为。核心企业在供应链管理是否愿意采取低碳的

方式，很大程度上取决于政府环境规制和核心企业决策行为博弈的结果。在有限理性和信息不对称假设前提下，很难确切地选择双方各自收益最大化的决策行为。因此，企业可能在供应链管理过程中选择低碳化策略，即采取低碳供应链管理（Low Carbon Supply Chain Management，LCSCM），生产低碳产品，这里的低碳化策略包括开展低碳设计与研发，实施低碳采购，生产低碳化技术改造和仓储物流低碳化以及建立与供应商联合减排的合作机制等。显然，企业也可能选择不采取低碳供应链管理措施的策略，生产高碳产品。因此，核心企业的策略集为（生产低碳产品，生产高碳产品），这里的"低碳产品"是以政府规定的单位产品的碳排放量为准，当企业生产的单位碳排放量低于政府规定的标准，称为"低碳产品"；反之则称为"高碳产品"。

政府的决策包括对核心企业的经营是否满足低碳环保的要求进行检查或者不检查。政府对核心企业生产的产品碳足迹进行检测，对不同的产品考察其是否符合政府规定的碳排放标准，若其产品低于碳排放标准，政府对其减排进行补贴，补贴依据其单位产品的碳排量与单位产品的碳排放标准量的差额来实施；反之，对于高于碳排放标准的企业可以进行惩罚，也是按照二者的差额实施，如增收差额碳税，告知消费者产品排放情况以使其商誉下降等。因此，政府的策略组合为：检查产品的碳排放（以下简称检查）和不检查碳排放（以下简称不检查），政府和企业演化博弈的策略组合如表 4.1 所示。

表 4.1　政府与企业博弈策略组合

政府群体	核心企业群体	
	生产低碳产品	生产高碳产品
检查	（检查，生产低碳产品）	（检查，生产高碳产品）
不检查	（不检查，生产低碳产品）	（不检查，生产高碳产品）

4.2 博弈双方成本—收益分析

4.2.1 政府成本—收益分析

政府进行检查的成本假设为 c_g，若政府对企业检查，发现其采取低碳供应链管理策略，则会给予一定的减排补贴，它的值与企业减排的效果相关，即对政府规定的碳排放量 e_0 与企业的实际碳排放量 e_1 之间的差额进行补贴，设单位补贴的数额为 s，则政府给予低碳产品的补贴为 $s(e_0-e_1)$；如果通过检查发现企业没有采用低碳供应链管理策略，则对其惩罚，惩罚依据企业的单位高碳产品的碳排放量 e_2 与政府规定的碳排量之间的差额，其单位高碳产品的惩罚数额为 f_g，则政府对企业的惩罚数额为 $f_g(e_2-e_0)$，同时由于政府是公共部门，因此需要承担环境治理以减少产品生产过程中对环境的负面影响，对应的治理成本为 u_g。

4.2.2 核心企业成本—收益分析

若核心企业选择高碳产品则需要付出的成本为 c，除此之外，还存在不可预测的可变成本，设其利润率为 α，则它的实际利润为 $\alpha r=\alpha(p-c)q$，其中 p、q 分别是产品的价格和产量。企业为了实现碳排放的减少需要付出的治理费用率为 β，则治理费用为 βr，包括低碳产品开发过程中与上下游进行各方面的环保合作以及企业低碳技术创新与研发等各个环节改善所花费的费用。企业如果选择低碳供应链管理同样会增加收益 r_b，收益的增加可以通过在生产过程中某些环节的碳排放减少来实现，包括包装、能源消耗、回收处理、排放等方面费用的节约或减少。若政府检查发现

核心企业实施低碳供应链管理，则其额外得到的收益为 $s(e_0-e_1)$，若发现没有实施低碳供应链管理，则其惩罚性支付为 $f_g(e_2-e_0)$，其中，$e_1\leqslant e_0\leqslant e_2$。若企业选择不进行减排，并要逃避罚款，则需“寻租”，设付出的“寻租”成本 $m=\theta\beta r$。

4.2.3　博弈双方收益矩阵

为使运算方便，令 $x_0=\dfrac{(1-\theta)\beta r-r_b}{s(e_0-e_1)+f_g(e_2-e_0)}$，$y_0=\dfrac{f_g(e_2-e_0)-c_g}{s(e_0-e_1)+f_g(e_2-e_0)}$。政府和核心企业的收益矩阵如表 4.2 所示。

表 4.2　博弈双方收益矩阵

政府群体	核心企业群体	
	生产低碳产品	生产高碳产品
检查	$[-c_g-s(e_0-e_1),\ (\alpha-\beta)r+r_b+s(e_0-e_1)]$	$[-c_g+f_g(e_2-e_0)-u_g,\ ar-f_g(e_2-e_0)-m]$
不检查	$[0,\ (\alpha-\beta)r+r_b]$	$(-u_g,\ \alpha r-m)$

4.3　政企演化博弈的均衡分析

4.3.1　政府—企业演化过程的得益分析

基于以上假设，应用双种群演化博弈论方法分析双方的演化稳定性。假设政府和企业都可以随机独立地选择策略，并同时重复地进行博弈。在博弈开始阶段，假设政府群体中选择（检查，不检查）的比例分别为 x 和 1－x，核心企业群体选择（生产低碳产品，生产高碳产品）比例分别为 y 和 1－y。政府选择“检查”的收益与“不检查”的收益及政府群体平均收益分别为：U_{GY}、U_{GN}、$\overline{U}_G$，则政府不同策略的适应度分别如下：

采用检查策略的适应度为：

$$\begin{aligned} U_{GY} &= y[-c_g - s(e_0 - e_1)] + (1 - y)[-c_g + f_g(e_2 - e_0) - u_g] \\ &= y[u_g - s(e_0 - e_1) - f_g(e_2 - e_0)] + f_g(e_2 - e_0) - c_g - u_g \end{aligned} \tag{4.1}$$

采用不检查策略的适应度为：

$$\begin{aligned} U_{GN} &= y\cdot 0 + (1 - y)(-u_g) \\ &= yu_g - u_g \end{aligned} \tag{4.2}$$

平均适应度为：

$$\begin{aligned} \overline{U}_G &= x\{y[u_g - s(e_0 - e_1) - f_g(e_2 - e_0)] + f_g(e_2 - e_0) - c_g - u_g\} + (1 - x)(yu_g - u_g) \\ &= -xy[s(e_0 - e_1) + f_g(e_2 - e_0)] + x[f_g(e_2 - e_0) - c_g] + (y - 1)u_g \end{aligned} \tag{4.3}$$

核心企业采取低碳供应链管理生产低碳产品与不采取低碳供应链管理而生产高碳产品的期望收益及群体平均收益为：U_{EY}、U_{EN}、$\overline{U}_E$，则：

采用低碳供应链管理生产低碳产品策略的适应度为：

$$\begin{aligned} U_{EY} &= x[(\alpha - \beta)r + r_b + s(e_0 - e_1)] + (1 - x)[(\alpha - \beta)r + r_b] \\ &= xs(e_0 - e_1) + (\alpha - \beta)r + r_b \end{aligned} \tag{4.4}$$

不采用低碳供应链管理生产高碳产品策略的适应度为：

$$\begin{aligned} U_{EN} &= x(\alpha r - f_g(e_2 - e_0) - m) + (1 - x)(\alpha r - m) \\ &= -xf_g(e_2 - e_0) + (\alpha - \theta\beta)r \end{aligned} \tag{4.5}$$

平均适应度为：

$$\begin{aligned} \overline{U}_E &= y[xs(e_0 - e_1) + (\alpha - \beta)r + r_b] + (1 - y)[-xf_g(e_2 - e_0) + (\alpha - \theta\beta)r] \\ &= xy[s(e_0 - e_1) + f_g(e_2 - e_0)] - xf_g(e_2 - e_0) + y[-(1 - \theta)\beta r + r_b] + \\ &\quad (\alpha - \theta\beta)r] \end{aligned} \tag{4.6}$$

4.3.2 政府群体选择检查比例的复制动态方程

依据演化博弈理论和复制动态方程，政府选择检查策略的数量的增

长率 $\frac{dx/dt}{x}$（t 为时间）等于政府的适应度 U_{GY} 减去其平均适应度 $\bar{U}_G$，由式（4.1）~式（4.3）可以得到政府群体检查比例的复制动态方程为：

$$\Phi(x) = \frac{dx}{dt} = x(U_{GY} - \bar{U}_G)$$
$$= x(x-1)\{y[s(e_0 - e_1) + f_g(e_2 - e_0)] - f_g(e_2 - e_0) + c_g\} \qquad (4.7)$$

若 $y = y_0$，则 $\Phi(x) = 0$，可以看到这种情形下所有水平都是稳定状态。

若 $y \neq y_0$，则由 $\Phi(x) = 0$，可以得到 $x = 0$，$x = 1$ 是 x 的两个稳定点。对 $\Phi(x)$ 关于 x 求导可得：

$$d\Phi(x)/dx = (2x-1)[y(s(e_0 - e_1) + f_g(e_2 - e_0)) - f_g(e_2 - e_0) + c_g]$$

演化稳定策略要求 $d\Phi(x)/dx < 0$，对 $f_g(e_2 - e_0) - c_g$ 的不同情形进行分析：

（1）若 $f_g(e_2 - e_0) - c_g < 0$，即 $y_0 < 0$ 时，恒有 $y > y_0$，则 $x = 0$ 是演化稳定策略；

（2）若 $f_g(e_2 - e_0) - c_g > s(e_0 - e_1) + f_g(e_2 - e_0)$，即 $y_0 > 1$ 时，恒有 $y < y_0$，则 $x = 1$ 是演化稳定策略；

（3）若 $0 < f_g(e_2 - e_0) - c_g < s(e_0 - e_1) + f_g(e_2 - e_0)$，即 $0 < y_0 < 1$ 时，可以分两种情形来分析：

当 $y > y_0$ 时，$\left.\frac{d\Phi(x)}{dx}\right|_{x=0} < 0$ 且 $\left.\frac{d\Phi(x)}{dx}\right|_{x=1} > 0$，因此 $x = 0$ 是平衡点；

当 $y < y_0$ 时，$\left.\frac{d\Phi(x)}{dx}\right|_{x=0} > 0$ 且 $\left.\frac{d\Phi(x)}{dx}\right|_{x=1} < 0$，因此 $x = 1$ 是平衡点。

从而政府群体的复制动态相位如图 4.1 所示。

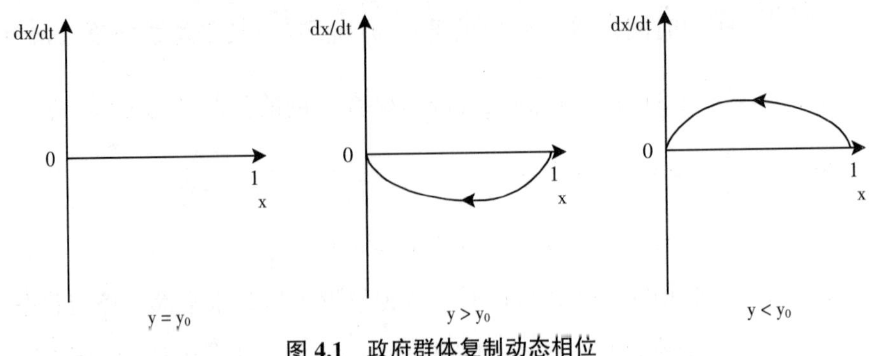

图 4.1　政府群体复制动态相位

4.3.3　核心企业群体采取 LCSCM 生产低碳产品的复制动态方程

由式（4.4）~式（4.6）可以得出核心企业群体采用 LCSCM 生产低碳产品比例的复制动态方程为：

$$\Phi(y) = dy/dt = y(U_{EY} - \overline{U}_E)$$
$$= y(1 - y)\{x[s(e_0 - e_1) + f_g(e_2 - e_0)] + r_b - (1 - \theta)\beta r\} \qquad (4.8)$$

若 $x = x_0$，则 $\Phi(y) = 0$，可以看到这种情形下所有水平都是稳定状态。

若 $x \neq x_0$，则由 $\Phi(y) = 0$，可以得到 $y = 0$，$y = 1$ 是 y 的两个稳定点。对 $\Phi(y)$ 关于 y 求导可得：

$$d\Phi(y)/dy = (1 - 2y)[x(s(e_0 - e_1) + f_g(e_2 - e_0)) + r_b - (1 - \theta)\beta r]$$

演化稳定策略要求 $d\Phi(y)/dy < 0$，对 $(1 - \theta)\beta r - r_b$ 的不同情形进行分析：

(1) 若 $(1 - \theta)\beta r - r_b < 0$，即 $x_0 < 0$ 时，恒有 $x > x_0$，则 $y = 1$ 是演化稳定策略；

(2) 若 $x_0 > 1$ 时，恒有 $x < x_0$，此时 $y = 0$ 是演化稳定策略；

(3) 若 $0 < x_0 < 1$，则有两种情形：

当 $x > x_0$ 时，$\left.\frac{d\Phi(y)}{dy}\right|_{y=0} > 0$ 且 $\left.\frac{d\Phi(y)}{dy}\right|_{y=1} < 0$，因此 $y = 1$ 是平衡点。

当 $x < x_0$ 时，$\left.\frac{d\Phi(y)}{dy}\right|_{y=0} < 0$ 且 $\left.\frac{d\Phi(y)}{dy}\right|_{y=1} > 0$，因此 $y = 0$ 是平衡点。

从而核心企业群体的复制动态相位如图 4.2 所示。

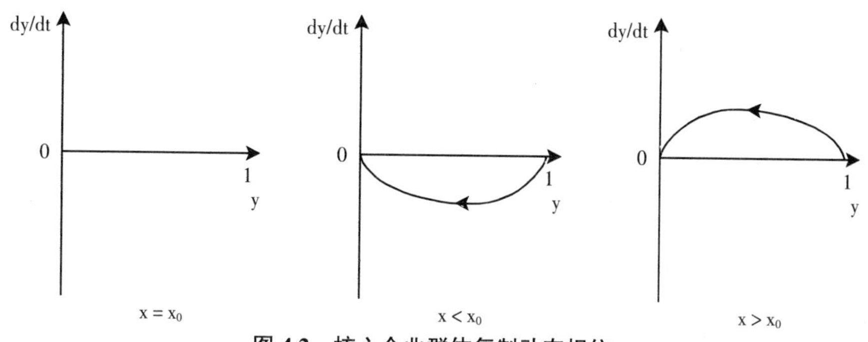

图 4.2　核心企业群体复制动态相位

综上所述，该演化博弈的平衡点有（0，0）、（0，1）、（1，0）、（1，1）、（x_0，y_0），即图 4.3 的情形。

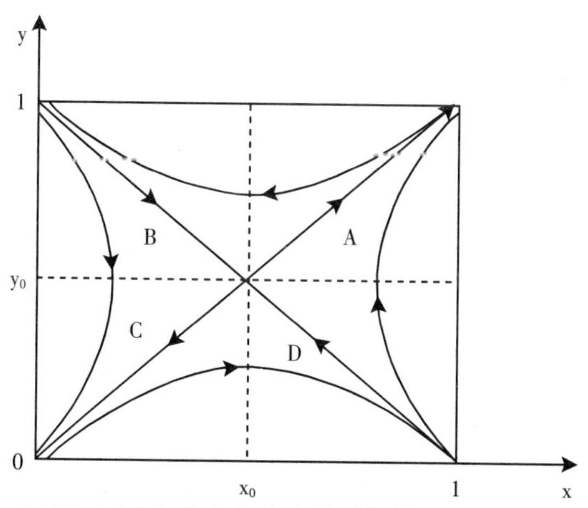

图 4.3　政府群体与核心企业群体的演化博弈轨迹

利用演化博弈理论对该非对称复制动态博弈进行分析，将初始状态分为四个区域 A、B、C 和 D，得到了各种均衡结果如下：

（1）当博弈双方的初始状态在 A 内，可知该动态演化博弈将收敛于平衡点 $x=0$，$y=1$，即双方各自的全体成员选择的策略是（不检查，生产低碳产品）。

（2）当博弈双方的初始状态在 B 内，该博弈将收敛于平衡点 $x=0$，$y=0$，即双方各自的全体成员选择的策略是（不检查，生产高碳产品）。

（3）当博弈双方的初始状态在 C 内，该博弈将收敛于 $x=1$，$y=0$，即双方各自的全体成员选择的策略是（检查，生产高碳产品）。

（4）当博弈双方的初始状态在 D 内，该博弈收敛于 $x=1$，$y=1$，即双方各自的全体成员选择的策略是（检查，生产低碳产品）。

由图 4.3 可知，演化博弈的平衡点有（0，0）、（0，1）、（1，0）、（1，1）、（x_0，y_0）都是鞍点。

4.4 政府—核心企业演化博弈的均衡比较

通过建立政府—核心企业群体之间的演化博弈模型，在低碳供应链环境下分析比较其均衡结果后发现存在三个稳定策略：

（1）若 $f_g(e_2-e_0)-c_g<0$，即 $f_g(e_2-e_0)<c_g$ 则 $x=0$ 是演化稳定策略（Evolutionary Stable Strategy，ESS），在这种情形下，政府采取检查策略的成本过高而对核心企业的高碳生产行为的惩罚过低导致政府最终会选择“不检查”策略。

（2）若 $(1-\theta)\beta r-r_b<0$ 即 $\beta r<r_b+\theta\beta r$，则 $y=1$ 是演化稳定策略，即企业为了减少碳排放量而“生产低碳产品”的治理成本（如采用低碳技术，供应链成员低碳采购，产品低碳设计等）小于企业“生产低碳产品”所增加的收益和“寻租”成本，最终企业群体都会选择“生产低碳产品”。

（3）若 $x_0 > 1$，即 $\beta r > s(e_0 - e_1) + f_g(e_2 - e_0) + r_b + \theta\beta r$，则 $y = 0$ 是演化稳定策略。此时对于企业群体来说，生产低碳产品的治理成本显然是高于其总收益（包括政府补贴、生产低碳产品增加的收益、生产高碳产品的政府惩罚和“寻租”成本四个方面的总和），则最终企业群体都会选择“生产高碳产品”。

4.5　小　结

本章运用演化博弈理论研究了政府和核心企业在低碳供应链环境下的决策行为，重点研究了在考虑产品碳排放及政府环境政策作用下的演化博弈模型，得出结论如下：

（1）政府最终采取“不检查”策略行为的条件是：政府对企业的惩罚相对于政府检查成本偏高。在这种政府决策行为下，按照“经济人”假设，企业将选择生产高碳排放量的产品，这有利于企业的利润最大化原则，因此，企业不会主动选择“生产低碳产品”策略。为改变这种状况，在“生产低碳产品”的企业达到一定数量的基础上，政府可以通过不断强化单位产品碳排放的惩罚力度，同时将降低单位产品的碳排放量标准；也可以考虑降低监督检查的成本，诸如利用第三方检查，由更专业的第三方来监督企业的减排行为。

（2）如果企业“生产低碳产品”的收益（包括由于生产高碳产品而需要支付的“寻租”成本、生产低碳产品所带来的收益如原材料的节约、包装的减少、上下游减排合作等）大于其由此付出的碳减排成本（如降低碳排放的研发成本、上下游合作的成本、物流成本等），则核心企业群体的演化均衡结果是都选择“生产低碳产品”策略。因此，作为监督方的政府不仅要强化执法，以环境改善为依据，不能为了片面追求经济增长而以环境污染为代价；而且应为企业提供低碳环保信息和低碳培训等，引导企业更好地开展低碳供应链管理实践。

（3）如果企业选择“生产低碳产品”的成本偏高而收益太小，同时政府对其“生产低碳产品”策略下的补贴很小，但是对“生产高碳产品”企业的惩罚力度却不够，则整个群体会演化的均衡结果是都选择“生产高碳产品”策略。为避免最终所有企业都采取“生产高碳产品”策略，政府应逐步增加对低碳生产企业的补贴力度，同时加强对高碳生产企业的惩罚力度，例如，按照企业减排量的不同给予有差异的奖励措施并对碳排放量不达标的企业根据其与标准的差额不同而制定不同的惩罚措施等来约束企业的碳排放，使其转而生产低碳产品。

（4）由上面关于政府—核心企业演化博弈的均衡分析可知，博弈双方的初始状态对均衡结果产生了非常大的影响。即博弈双方初始各自选择策略的比例会影响双方最终的策略选择，而这种策略选择的比例由博弈方在该策略下的收益大小决定。从长期来看，基于长远收益的决策选择行为会获得更高利益。也就是说，政企双方要获得更好的收益就需要站在长期的视角来进行决策。基于博弈论的分析，我们得出博弈双方均衡及均衡的条件，但要使动态博弈向最优的均衡方向发展，需要双方共同努力：对于政府而言，要明确和改善自身职能定位，强化对企业的激励与监督机制；对于企业而言，要增强其社会责任，核心企业要通过联合供应链上下游成员从生命周期过程的不同阶段来分解和减少碳排放，降低企业减排成本，最终实现经济与环境的协调发展。

第5章　政府补贴下考虑消费者低碳偏好的供应链低碳研发成本分摊比较

随着低碳经济研究的不断深入，人们开始将视角由传统的以收益为主的供应链逐渐转向低碳供应链，供应链从原材料供应商、产品制造商、零售商直到消费者的一条完整的链条中，各个环节都涉及能源的消耗和碳排放问题。在发达国家，超市所有商品标签上都被要求标明该商品在采购、生产、运输和最终销毁的整个生命周期过程中的碳排放量，终端消费者可以通过这一数字来了解商品的碳排放水平，从而决定选择消费何种商品；而对于碳排放较高的企业除产品需求受到影响外，还可能直接影响投资人对该企业的投资行为。

沃尔玛认为要控制碳排放，必须从源头上考虑，因此启动了“绿色转型”战略，实施绿色供应链管理，沃尔玛对所有的供应商都提出了环保标准的要求，包括减少不必要的包装，减少水和能源的消耗、提高物流配送和运输效率，从而降低碳排放。其实，早在2005年，时任沃尔玛全球总裁兼CEO的李斯特就提出了沃尔玛可持续发展的三大目标：使用可再生能源、创造“零废弃物”和出售环保商品。虽然绿色供应链管理提高了供应商的成本，但是沃尔玛通过从包装等方面让供应商进行减排又使其获得了减排收益，比如包装，沃尔玛与政府及供应商积极合作，2010年沃尔玛中国在深圳举行了“2010环保包装会”，宣布与广东省包装技术协会共同启动供应商包装改进工程，并继续推动环保积分卡项目，减少包装浪费。除了与政府进行环保合作，沃尔玛还通过鼓励供应商压缩包装成本等措施使其获得更大利益。例如在供应商中推广环保包装，举办相关培训，协助供应商尽量简化包装、降低物流、生产和废品处理方面的能源消耗、达到减少供应链碳排放的目的。特易购依托供应链关系推行低碳发展模式，与上游供应商进行减排合作，和上游供应商一起解决供应链碳排放问题，进而借助合作降低了整个供应链的碳排放水平，同时采用“碳标识”等手段激励上游供应商采取碳减排措施。同样地，政府也对低碳环保产品进行了激励和补贴，如 2012 年中国启动了旨在推广节能标准的家电补贴政策，对符合标准的空调、洗衣机等进行财政补贴。政府和企业都在积极降低产品的碳排放，政府通过补贴来激励企业节能减排，企业之间通过合作也在进行着碳减排。

可以看出，为了减少产品的碳排放，需要供应链成员及相关利益方的共同努力，每一个环节都需要考虑其碳排放的投入与减排的效果，政府为减排进行补贴，同时零售商也可以通过分摊制造商的低碳投入成本来激励其减少碳排放量。

5.1 问题描述与模型假设

考虑一个两级主导型供应链，其组成为一个零售商和一个制造商且零售商为主导方。本章将政府补贴和零售商补贴同时考虑，零售商增加低碳研发与创新的投入可以获得来自政府的一定数额的补贴，制造商增加低碳研发与创新的投入可以获得来自政府和零售商双方的补贴。在此背景下，分析了零售商不分摊制造商的低碳研发投入和零售商分摊制造

商的低碳研发投入两种情形下的制造商与零售商的行为，并对双方的低碳研发成本投入进行了分析比较。

5.1.1　模型假设及符号说明

假设 5.1　产品需求量 q 由两部分组成，即某一个固定值 q_0 和变动值 q_1；考虑到消费者的低碳偏好，可以得知产品销售量的不确定部分 q_1 对于低碳成本的投入满足边际产出递减假设，且具有规模报酬递减规律，因此可以将 q_1 设为柯布—道格拉斯型的生产函数，即 $q_1 = \gamma c_m^{\alpha} c_r^{\beta}$，故有产品的销售量 $q = q_0 + q_1 = q_0 + \gamma c_m^{\alpha} c_r^{\beta}$。同时考虑政府的补贴也会对零售商和制造商的成本构成产生影响，政府对双方的补贴率为 s（其中 γ，α，β，s 为正常数，且 $0 < \alpha < 1$，$0 < \beta < 1$，$0 < s < 1$，$0 < \alpha + \beta < 1$）。

假设 5.2　制造商和零售商的边际收益 ρ_m 和 ρ_r 不变，即如果单位成本增加，则相应地提高售价。其中 ρ_m 为单位批发价扣除不包含低碳研发费用的单位平均成本的剩余部分，ρ_r 为零售价扣除不包含低碳研发费用的单位平均成本的剩余部分。它们均为正的常数，均可从相关企业的财务数据中预测得出。

假设 5.3　零售商分担制造商一部分低碳投入成本，分摊比例为 λ。

假设 5.4　政府对制造商和零售商的低碳研发投入将按照其成本给予一定的补贴，补贴率为 $s(0 < s + \lambda < 1)$。

5.1.2　模型建立

制造商的利润函数可表示为：

$$\pi_m = \rho_m q - c_m + \lambda c_m + s c_m = \rho_m(\gamma c_m^{\alpha} c_r^{\beta} + q_0) - (1 - s - \lambda) c_m$$

零售商的利润函数可以表示为：

$$\pi_r = \rho_r q - c_r - \lambda c_m + s c_r = \rho_r(\gamma c_m^{\alpha} c_r^{\beta} + q_0) - (1 - s) c_r - \lambda c_m$$

考虑由单个制造商和单个零售商组成的两级供应链，零售商居于主导地位，制造商的排放在整个产品生命周期中占有很大比例，但由于其自身的约束（资金、技术、研发水平等），导致制造商在生产过程中没有动力进行减排，即不愿意投入进行减排研发、低碳技术改造等。为了实现产品碳排放的减少，在消费者低碳偏好下获得更好的收益，零售商在减排过程中给予制造商一定的补贴，且政府为供应链双方的减排投入提供补贴。其基本结构如图 5.1 所示。

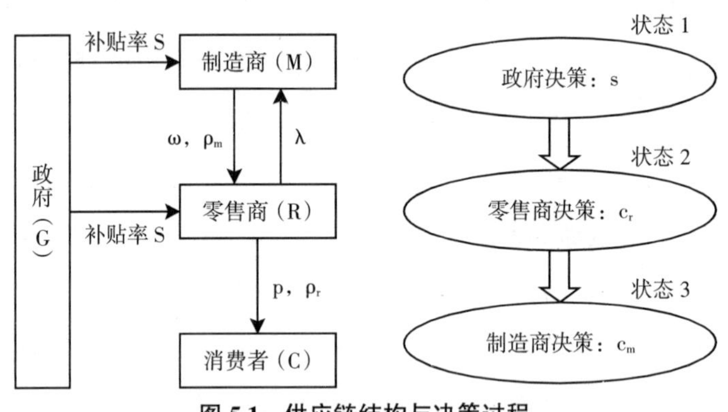

图 5.1　供应链结构与决策过程

5.2　不同博弈结构下的均衡分析

5.2.1　同时行动的纳什均衡分析

零售商的策略是在政府补贴的情形下选择合适的减排投入和对制造商的减排成本的分摊比例，制造商的策略是选择合理的低碳研发投入，纳什博弈情形下双方将独立地追求自身利润最大化，问题可以总结为如

下形式：

$$\max_{c_m}\pi_m = \rho_m(\gamma c_m^{\alpha} c_r^{\beta} + q_0) - (1 - s - \lambda)c_m \tag{5.1}$$

$$\max_{c_r}\pi_r = \rho_r(\gamma c_m^{\alpha} c_r^{\beta} + q_0) - (1 - s)c_r - \lambda c_m \tag{5.2}$$

显然，对于零售商而言，为了使自身的利润最大化，其最优策略为 $\lambda = 0$，即不分摊制造商的低碳研发成本。从而得命题 5.1 和命题 5.2。

命题 5.1　零售商与制造商在纳什均衡下，为了使自身利益最大化，零售商将不会分摊制造商的低碳研发成本。

命题 5.2　在同时行动的纳什博弈中，零售商和制造商都存在唯一的纳什均衡解，即：

$$\begin{cases} \lambda^* = 0 \\ c_m^* = \left[(1 - s)\dfrac{(\alpha\rho_m)^{\beta - 1}}{(\beta\rho_r)^{\beta}\gamma}\right]^{\frac{1}{\alpha + \beta - 1}} \\ c_r^* = \left[(1 - s)\dfrac{(\beta\rho_r)^{\alpha - 1}}{(\alpha\rho_m)^{\alpha}\gamma}\right]^{\frac{1}{\alpha + \beta - 1}} \end{cases}$$

证明：结合命题 5.1，则式（5.1）和式（5.2）可以简化为：

$$\max_{c_m}\pi_m = \rho_m(\gamma c_m^{\alpha} c_r^{\beta} + q_0) - (1 - s)c_m \tag{5.3}$$

$$\max_{c_r}\pi_r = \rho_r(\gamma c_m^{\alpha} c_r^{\beta} + q_0) - (1 - s)c_r \tag{5.4}$$

将式（5.3）和式（5.4）分别对 c_r 和 c_m 求偏导数，并令其等于 0，得：

$$\frac{\partial\pi_m}{\partial c_m} = \alpha\rho_m\gamma c_m^{\alpha - 1}c_r^{\beta} - (1 - s) = 0 \tag{5.5}$$

$$\frac{\partial\pi_r}{\partial c_r} = \beta\gamma\rho_r c_m^{\alpha} c_r^{\beta - 1} - (1 - s) = 0 \tag{5.6}$$

由式（5.5）得，$c_m = \left[\dfrac{\alpha\rho_m\gamma c_r^{\beta}}{1 - s}\right]^{\frac{1}{1 - \alpha}}$，从而：

$$c_r^* = \left[(1 - s)\frac{(\beta\rho_r)^{\alpha - 1}}{(\alpha\rho_m)^{\alpha}\gamma}\right]^{\frac{1}{\alpha + \beta - 1}} \tag{5.7}$$

从而得出本问题的唯一的纳什均衡解为：

$$\begin{cases}\lambda^* = 0 \\ c_m^* = \left[(1-s)\dfrac{(\alpha\rho_m)^{\beta-1}}{(\beta\rho_r)^{\beta}\gamma}\right]^{\frac{1}{\alpha+\beta-1}} \\ c_r^* = \left[(1-s)\dfrac{(\beta\rho_r)^{\alpha-1}}{(\alpha\rho_m)^{\alpha}\gamma}\right]^{\frac{1}{\alpha+\beta-1}}\end{cases} \tag{5.8}$$

证毕！

由此可知，在制造商和零售商不选择低碳研发合作的情形下，零售商主导型的供应链低碳化过程中，零售商不会对制造商的低碳研发成本进行分摊，政府对供需双方补贴的增加可以激励双方投入更多的减排资金。

命题 5.3 无论零售商是否为制造商分摊低碳改造的成本，制造商和零售商都将投入成本从事低碳研发等活动，且政府的补贴会随着各自的低碳成本投入的增加而增加。

证明：对式（5.8）中的 c_m^*、c_r^* 分别关于 ρ_m、ρ_r 和 s 求偏导，易得：

$\dfrac{\partial c_r^*}{\partial \rho_r} = \dfrac{\alpha-1}{\alpha+\beta-1}\left[(1-s)\dfrac{\beta^{\alpha-1}}{(\alpha\rho_m)^{\alpha}\rho_r^{\beta}\gamma}\right]^{\frac{1}{\alpha+\beta-1}}$，且由假设 1 可知 $\dfrac{\alpha-1}{\alpha+\beta-1}>0$，故 $\partial c_r^*/\partial \rho_r > 0$，即对于零售商而言，为了进行减排所投入成本的边际贡献率大于零，因此，为了增加利润，零售商会增加低碳研发的投入。

同理可得：

$$\frac{\partial c_m^*}{\partial \rho_m} = \frac{\beta-1}{\alpha+\beta-1}\left[(1-s)\frac{\alpha^{\beta-1}}{(\beta\rho_r)^{\beta}\rho_m^{\alpha}\gamma}\right]^{\frac{1}{\alpha+\beta-1}} > 0$$

即制造商为增加收益同样会增加低碳研发的成本投入；由于：

$$\frac{\partial c_m^*}{\partial s} = -\frac{1}{\alpha+\beta-1}\left[\frac{(\alpha\rho_m)^{\beta-1}}{(\beta\rho_r)^{\beta}\gamma}\right]^{\frac{1}{\alpha+\beta-1}}(1-s)^{\frac{2-\alpha-\beta}{\alpha+\beta-1}} > 0$$

$$\frac{\partial c_r^*}{\partial s} = -\frac{1}{\alpha+\beta-1}\left[\frac{(\beta\rho_r)^{\alpha-1}}{(\alpha\rho_m)^{\alpha}\gamma}\right]^{\frac{1}{\alpha+\beta-1}}(1-s)^{\frac{2-\alpha-\beta}{\alpha+\beta-1}} > 0$$

由此可知，在制造商和零售商同时独立决策的情形下，政府的补贴会随着各自低碳研发投入的增加而增加。证毕！

命题 5.3 说明，在双方非合作的纳什博弈中，当存在消费者低碳偏好时，制造商和零售商为了获得更多的收益，都会投入资金进行低碳技术改造、减排研发投入等活动，且无论制造商和零售商是否合作，他们的低碳活动都将发生，政府的低碳补贴对双方有激励作用，政府希望双方投入更多的低碳技术改造和研发活动，可以通过增加补贴激励的方式来促进双方的减排投入。

5.2.2　斯塔克尔伯格（Stackelberg）博弈均衡分析

现实的供应链中，一般都存在核心企业，制造商和零售商将不再处于同等的地位，它们之间的关系变成了一方占主导地位，另一方处于跟随者地位，例如零售商占主导（如沃尔玛、特易购、国美、苏宁等大型连锁零售商），制造商为跟随者，根据这一关系建立一个非合作序贯博弈模型。考虑到政府的补贴，在该博弈中，首先政府确定补贴的比例，然后零售商根据相关的市场信息和政府补贴的数额来确定自己用于低碳研发的成本投入，并对制造商承诺低碳研发成本的分摊系数。最后，在观察到零售商的成本分摊系数后，制造商再确定自己的低碳研发的成本投入。

命题 5.4　在斯塔克尔伯格博弈下，制造商投入用于低碳研发的成本与政府补贴的比例、零售商愿意分摊的比例及零售商投入用于低碳研发的成本均正相关。

证明：根据斯塔克尔伯格博弈模型，采用逆向归纳法求解，首先在政府补贴确定下的第三阶段的反应函数。对式（5.1）关于 c_m 求偏导令其等于 0 可解得：

$$c_m = \left(\frac{1 - s - \lambda}{\alpha\rho_m\gamma c_r^{\beta}}\right)^{\frac{1}{\alpha - 1}} \tag{5.9}$$

式（5.9）中关于制造商的低碳研发投入成本与政府补贴、零售商对其成本的分摊系数和零售商低碳研发投入成本相关，将式（5.9）关于s，λ，c_r分别求偏导，其形式如下：

$$\frac{\partial c_m}{\partial s}=\frac{1}{1-\alpha}(1-s-\lambda)^{\frac{2-\alpha}{\alpha-1}}(\alpha\rho_m\gamma c_r^{\beta})^{\frac{1}{1-\alpha}}>0 \tag{5.10}$$

$$\frac{\partial c_m}{\partial \lambda}=\frac{1}{1-\alpha}(1-s-\lambda)^{\frac{2-\alpha}{\alpha-1}}(\alpha\rho_m\gamma c_r^{\beta})^{\frac{1}{1-\alpha}}>0 \tag{5.11}$$

$$\frac{\partial c_m}{\partial c_r}=\frac{\beta}{1-\alpha}\left(\frac{1-s-\lambda}{\alpha\rho_m\gamma}\right)^{\frac{1}{\alpha-1}}c_r^{\frac{\alpha+\beta-1}{1-\alpha}}>0 \tag{5.12}$$

由式（5.10）~式（5.12）可知，命题5.4成立。证毕！

由命题5.4可知，政府补贴的比例越大，制造商越愿意投入资金进行低碳研发与技术改造；零售商为制造商分摊的用于低碳技术改造的费用越多，制造商越愿意投入资金进行改造；零售商投入低碳技术改造的成本越多，制造商越愿意投入资金进行低碳技术改造。

命题5.5 当$\rho_r/\rho_m>1-\alpha$时，在零售商主导的斯塔克尔伯格主从博弈过程中可得唯一最优解：

$$\begin{cases}\lambda^{**}=(1-s)[\rho_r-(1-\alpha)\rho_m]/(\rho_r+\alpha\rho_m)\\ c_m^{**}=[(1-s-\lambda^{**})/\rho_m]^{\frac{1}{\alpha+\beta-1}}(1/\alpha)^{\frac{1-\beta}{\alpha+\beta-1}}(1/\beta)^{\frac{\beta}{\alpha+\beta-1}}(1/\gamma)^{\frac{\alpha-1}{\alpha+\beta-1}}\\ c_r^{**}=[(1-s-\lambda^{**})/\rho_m]^{\frac{1}{\alpha+\beta-1}}(1/\alpha)^{\frac{\alpha}{\alpha+\beta-1}}(1/\beta)^{\frac{1-\alpha}{\alpha+\beta-1}}(1/\gamma)^{\frac{1}{\alpha+\beta-1}}\end{cases}$$

证明：将式（5.9）代入式（5.2）得：

$$\max_{c_r}\pi_r=\rho_r\left[\frac{1-s-\lambda}{\alpha\rho_m}\left(\frac{1-s-\lambda}{\alpha\rho_m\gamma}\right)^{\frac{1}{\alpha-1}}c_r^{-\frac{\beta}{\alpha-1}}+q_0\right]-(1-s)c_r-\lambda\left(\frac{1-s-\lambda}{\alpha\rho_m\gamma}\right)^{\frac{1}{\alpha-1}}c_r^{-\frac{\beta}{\alpha-1}} \tag{5.13}$$

对其关于λ求偏导得：

$$\frac{\partial \pi_r}{\partial \lambda}=(-\frac{1}{\alpha-1})\cdot\frac{\rho_r}{\rho_m}-1+\frac{1}{\alpha-1}\cdot\frac{\lambda}{1-s-\lambda}$$

由 $\partial\pi_r/\partial\lambda=0$ 可得：$\lambda(\rho_r+\alpha\rho_m)=(1-s)[\rho_r-(1-\alpha)\rho_m]$，下面我们分两种情况讨论：

(1) 当 $\rho_r-(1-\alpha)\rho_m>0$，$\lambda^{**}=\frac{(1-s)[\rho_r-(1-\alpha)\rho_m]}{\rho_r+\alpha\rho_m}$；

(2) 当 $\rho_r-(1-\alpha)\rho_m\leqslant 0$，$\lambda^{**}=0$。

故其最优解为：

$$\begin{cases}\lambda^{**}=\dfrac{(1-s)[\rho_r-(1-\alpha)\rho_m]}{\rho_r+\alpha\rho_m}，当\dfrac{\rho_r}{\rho_m}>1-\alpha\\[2ex]\lambda^{**}=0，当\dfrac{\rho_r}{\rho_m}\leqslant 1-\alpha\end{cases} \tag{5.14}$$

式（5.13）关于 c_r 求偏导得到：

$$\frac{\partial \pi_r}{\partial c_r}=(\rho_r\frac{1-s-\lambda}{\alpha\rho_m}-\lambda)(-\frac{\beta}{\alpha-1})(\frac{1-s-\lambda}{\alpha\rho_m\gamma})^{\frac{1}{\alpha-1}}c_r^{\frac{1-\alpha-\beta}{\alpha-1}}-(1-s)$$

将式（5.14）代入可得：

$$1-s-\lambda=\frac{(1-s)\rho_m}{\rho_r+\alpha\rho_m}；\ \rho_r\frac{1-s-\lambda}{\alpha\rho_m}-\lambda=\frac{1-\alpha}{\alpha}=-\frac{\alpha-1}{\alpha}$$

令 $\partial\pi_r/\partial c_r=0$，结合 $\frac{\partial^2\pi_r}{\partial c_r^2}=(1-s)\cdot\frac{\beta}{\alpha}\frac{1-\alpha-\beta}{\alpha-1}\cdot(\frac{1-s-\lambda}{\alpha\rho_m\gamma})^{\frac{1}{\alpha-1}}\cdot c_r^{\frac{2-2\alpha-\beta}{\alpha-1}}<0$。

可得零售商的最优低碳研发投入为：

$$c_r^{**}=(\frac{1-s-\lambda^{**}}{\rho_m})^{\frac{1}{\alpha+\beta-1}}(\frac{1}{\alpha})^{\frac{\alpha}{\alpha+\beta-1}}(\frac{1}{\beta})^{\frac{1-\alpha}{\alpha+\beta-1}}(\frac{1}{\gamma})^{\frac{1}{\alpha+\beta-1}} \tag{5.15}$$

所以，制造商的最优低碳研发投入为：

$$c_m^{**}=(\frac{1-s-\lambda^{**}}{\rho_m})^{\frac{1}{\alpha+\beta-1}}(\frac{1}{\alpha})^{\frac{1-\beta}{\alpha+\beta-1}}(\frac{1}{\beta})^{\frac{\beta}{\alpha+\beta-1}}(\frac{1}{\gamma})^{\frac{\alpha-1}{\alpha+\beta-1}} \tag{5.16}$$

由式（5.14）可知，得到命题 5.6。

命题 5.6 当 $\rho_r/\rho_m > 1 - \alpha$ 时，

（1）零售商为制造商用于低碳技术改造的费用提供补贴，否则不提供；

（2）零售商分摊的比例 λ 与其单位产品利润正相关；与政府补贴率和制造商的单位产品利润负相关。

证明：（1）由命题 5.5 的证明过程可得。

（3）由式（5.14）关于 s、ρ_m 和 ρ_r 求偏导得：

$$\begin{cases} \dfrac{\partial \lambda^{**}}{\partial s} = -\dfrac{\rho_r - (1-\alpha)\rho_m}{\rho_r + \alpha\rho_m} < 0 \\ \dfrac{\partial \lambda^{**}}{\partial \rho_r} = \dfrac{(1-s)\rho_m}{(\rho_r + \alpha\rho_m)^2} > 0 \\ \dfrac{\partial \lambda^{**}}{\partial \rho_m} = -\dfrac{(1-s)\rho_r}{(\rho_r + \alpha\rho_m)^2} < 0 \end{cases}$$

故零售商分摊的比例与其单位产品利润正相关，与政府补贴率和制造商单位产品利润负相关。证毕！

由此可见，零售商对制造商的低碳研发投入成本进行分摊是有条件的，即其单位产品的固定收益与制造商的单位产品不变收益的比例大于某一值时，零售商才会给制造商分摊一定的低碳研发成本，否则零售商不会分摊制造商的低碳研发成本，而这个边界条件值不仅依赖于制造商的低碳研发投入成本的需求弹性，也依赖于消费者的低碳偏好。对于命题 5.6 的（2）可以理解为，一方面，政府对制造商低碳补贴的增加会导致零售商对制造商低碳投入的成本分摊的下降，与此同时，如果制造商的单位产品收益增加，则它会从自身角度出发来投入更多的资金来降低产品碳排放，无论零售商是否分担制造商的减排成本；另一方面，零售商收益的增加会促使它分摊制造商的减排成本，以便进一步吸引客户，扩大销售量，实现制造商—零售商“双赢”。

比较零售商和制造商的纳什均衡和斯塔克尔伯格均衡，可得到以下

结论：

命题 5.7　零售商为减少排放所投入的成本在斯塔克尔伯格均衡时比纳什均衡时大，即 $c_r^{**} > c_r^*$；当 $\gamma > 1$ 时制造商为降低碳排放而从事低碳活动所投入的成本在斯塔克尔伯格均衡时比纳什均衡时大，即 $c_m^{**} > c_m^*$。

证明：分两种情况讨论：

（1）当 $\frac{\rho_r}{\rho_m} > 1 - \alpha$ 时，

$$\frac{c_r^*}{c_r^{**}} = \frac{\left[(1-s)\frac{(\beta\rho_r)^{\alpha-1}}{(\alpha\rho_m)^\alpha\gamma}\right]^{\frac{1}{\alpha+\beta-1}}}{\left(\frac{1-s-\lambda^{**}}{\rho_m}\right)^{\frac{1}{\alpha+\beta-1}}\left(\frac{1}{\alpha}\right)^{\frac{\alpha}{\alpha+\beta-1}}\left(\frac{1}{\beta}\right)^{\frac{1-\alpha}{\alpha+\beta-1}}\left(\frac{1}{\gamma}\right)^{\frac{1}{\alpha+\beta-1}}}$$

即 $\frac{c_r^*}{c_r^{**}} = (\rho_r + \alpha\rho_m)^{\frac{1}{\alpha+\beta-1}} \cdot \left(\frac{1}{\rho_m}\right)^{\frac{\alpha}{\alpha+\beta-1}} \rho_r^{\frac{\alpha-1}{\alpha+\beta-1}} = \left(\frac{\rho_r+\alpha\rho_m}{\rho_m}\right)^{\frac{\alpha}{\alpha+\beta-1}} \cdot \left(\frac{\rho_r+\alpha\rho_m}{\rho_r}\right)^{\frac{1-\alpha}{\alpha+\beta-1}}$。

由于 $(\rho_r+\alpha\rho_m)/\rho_m > 1$ 且 $(\rho_r+\alpha\rho_m)/\rho_r > 1$ 而 $\alpha/(\alpha+\beta-1) < 0$ 和 $(1-\alpha)/(\alpha+\beta-1) < 0$，故 $c_r^*/c_r^{**} < 1$，即 $c_r^{**} > c_r^*$。

同理，$\frac{c_m^*}{c_m^{**}} = \left(\frac{\rho_r+\alpha\rho_m}{\rho_r}\right)^{\frac{\beta}{\alpha+\beta-1}} \cdot \left(\frac{\rho_r+\alpha\rho_m}{\rho_m}\right)^{\frac{1-\beta}{\alpha+\beta-1}} \gamma^{\frac{\alpha}{\alpha+\beta-1}}$，由于 $\frac{\beta}{\alpha+\beta-1} < 0$ 和 $\frac{1-\beta}{\alpha+\beta-1} < 0$ 且 $\frac{\rho_r+\alpha\rho_m}{\rho_r} > 1$，$\frac{\rho_r+\alpha\rho_m}{\rho_m} > 1$，故 $\left(\frac{\rho_r+\alpha\rho_m}{\rho_r}\right)^{\frac{\beta}{\alpha+\beta-1}} < 1$，$\left(\frac{\rho_r+\alpha\rho_m}{\rho_m}\right)^{\frac{1-\beta}{\alpha+\beta-1}}$，因此当 $\gamma > 1$ 时，$c_m^*/c_m^{**} < 1$，即 $c_m^* < c_m^{**}$。

（2）当 $\rho_r/\rho_m \leqslant 1-\alpha$ 时，$\rho_r \leqslant (1-\alpha)\rho_m \leqslant \rho_m$ 且 $\lambda^{**} = 0$，即 $\rho_m/\rho_r > 1$ 时，由式（5.15）可得：

$\frac{c_r^*}{c_r^{**}} = (\frac{\rho_r}{\rho_m})^{\frac{\alpha-1}{\alpha+\beta-1}} = (\frac{\rho_m}{\rho_r})^{\frac{1-\alpha}{\alpha+\beta-1}}$，利用$\frac{1-\alpha}{\alpha+\beta-1} < 0$可得 $c_r^*/c_r^{**} < 1$，即 $c_r^{**} > c_r^*$。

同理，$c_m^*/c_m^{**} = (\rho_m/\rho_r)^{\frac{\beta}{\alpha+\beta-1}}\gamma^{\frac{\alpha}{\alpha+\beta-1}}$，当 $\gamma > 1$ 时，$c_m^*/c_m^{**} < 1$，即 $c_m^* < c_m^{**}$。

综合（1）和（2）命题得证。证毕！

由命题 5.7 可得出：当博弈双方不进行合作时，两者都会主动投入资金从事低碳研发；当零售商对制造商的低碳研发提供补贴时，为了扩大销量和补贴的效果，制造商将投入更多的资金来降低产品的碳排放水平；政府补贴可激励双方将更多的资金投入到减排活动中。当 $\gamma > 1$ 时，即当生产技术水平、经营管理水平和服务水平等的综合评价高于 1 时，制造商更愿意在低碳技术改造等方面投入更多的费用，即此时在零售商占主导的供应链中，制造商的低碳成本投入大于在同时独立决策时的投入。

5.3 算例分析

本章通过算例来验证结论及命题的正确性。假设一个制造商和一个零售商的两级供应链，零售商是核心企业，制造商和零售商都投入研发成本将其生产、加工、物流等过程进行技术升级改造后向市场投放某种低碳产品，有关参数包括：$\gamma = 100$，$\alpha = 0.5$，$\beta = 0.3$，$s = 0.1$，$q_0 = 1000$。根据所建立的模型可得到的计算结果如表 5.1 所示。

比较表 5.1 和表 5.2 可知，当制造商的收益不变，零售商收益不断增加时，制造商和零售商在两种博弈下得到的均衡解都不断增大，利润不断增加；同理当零售商的收益不变，制造商的收益不断减少时，零售商

表 5.1　给定参数下的纳什均衡结果

ρ_m	ρ_r	λ^*	c_m^*	c_r^*	π_m^*	π_r^*
40	10	0	3.148E+15	4.722E+14	2.834E+15	9.917E+14
40	20	0	8.905E+15	2.671E+15	8.014E+15	5.610E+15
40	30	0	1.636E+16	7.362E+15	1.472E+16	1.546E+16
40	40	0	2.519E+16	1.511E+16	2.267E+16	3.174E+16
30	40	0	9.202E+15	7.362E+15	8.282E+15	1.546E+16
20	40	0	2.226E+15	2.671E+15	2.004E+15	5.610E+15
10	40	0	1.968E+14	4.722E+14	1.771E+14	9.917E+14

表 5.2　给定参数下的斯塔克尔伯格博弈均衡结果

ρ_m	ρ_r	λ^*	c_m^{**}	c_r^{**}	π_m^{**}	π_r^{**}
40	10	0	2.519E+16	1.511E+16	2.267E+16	1.133E+16
40	20	0	2.519E+16	1.511E+16	2.267E+16	2.267E+16
40	30	0.18	7.686E+16	4.612E+16	5.534E+16	8.301E+16
40	40	0.3	1.913E+17	1.148E+17	1.148E+17	2.295E+17
30	40	0.41	1.238E+17	7.427E+16	6.077E+16	1.621E+17
20	40	0.54	7.686E+16	4.612E+16	2.767E+16	1.107E+17
10	40	0.7	4.539E+16	2.723E+16	9.077E+15	7.262E+16

和制造商在两种博弈下的低碳研发投入成本和利润都不断减少；同时可以看到，当制造商和零售商的固定收益在两种博弈下相等时，各自在斯塔克尔伯格博弈下的低碳研发投入成本和相应的利润都大于在纳什博弈下的相应的成本投入和利润，算例的计算结果不难验证命题 5.1~命题 5.7 的正确性。

由表 5.1 和表 5.2 可以看出，随着零售商收益不断增加，零售商愿意分摊的低碳研发投入成本也不断增加；同时在零售商收益保持不变的情况下，随着制造商单位产品收益不断减少，零售商和制造商愿意投入的低碳研发成本将不断减少，但是零售商愿意承担更多的制造商的低碳研发成本投入。

当有关参数 γ，α，β，s，q_0 为给定值，制造商和零售商的单位产品收益保持不变时，斯塔克尔伯格博弈下的均衡解和最优利润都大于纳什博弈下相应的均衡解和最优利润。

5.4 小　结

本章从低碳研发投入产出的角度建立一个两级供应链中制造商和零售商的成本分摊模型，分别基于纳什博弈和斯塔克尔伯格博弈讨论了在政府补贴下的低碳研发成本投入的分摊问题。研究显示，供应链参与双方（零售商和制造商）都将投入低碳研发成本，零售商在一定的条件下才会分摊制造商的成本，这与双方单位产品收益比及制造商的低碳投入弹性系数相关；在零售商居于主导地位的斯塔克尔伯格博弈中，零售商和制造商双方的“低碳研发投入”都将大大增加。政府补贴对零售商和制造商的低碳研发投入都将起到激励作用，即在政府补贴下，制造商和零售商更愿意投入低碳研发成本，生产低碳产品。因此，作为环境政策制定者的政府和供应链企业需要从各自的需求出发强化减排合作的效应。

5.4.1 充分利用政府补贴的正效应

将环境保护和可持续发展纳入工商业发展过程中是政府和社会的共识。政府应该采取各种规制促使企业向低碳化的方向发展，政府规制本质是将碳排放的外部成本内部化，使政府、企业之间的交易成本相应地发生变化。在规制的制定者（政府）和被期望有着低碳化实施行为的企业之间的相互作用中，是否可以真正导致双方都期望的低碳化同时又是

可盈利的发展结果呢？政府在选择其补贴政策时需要考虑：某个供应链的具体合作关系；供应链各个关键企业的配合和参与程度。这样才能更好地发挥政府补贴的正效应，使企业向着低碳化方向发展。

5.4.2　强化低碳研发技术的支撑体系建设

一直以来，企业为了遵守相关的政府规制而开展供应链低碳化的实践。而在实施供应链低碳化的过程中，企业要不断地权衡低碳化过程中的低碳技术创新及研发投入成本与收益之间的关系。作为环境政策制定者的政府需要通过政府补贴或者碳税等方式来对供应链企业进行激励，除努力拓宽低碳技术创新和研发的资金渠道外，还需要关注供应链低碳化管理和激励机制设计等方面的支撑体系的建设，逐步形成以满足消费者需求为目标，以政府环境政策为依托，以供应链低碳化技术研发和创新为主导的三位一体化支撑体系。

5.4.3　营造低碳环境，加强供应链上下游之间的低碳研发合作

传统生产方式下，企业及其供应链只涉及包括资源和产品交易的二维交易模式，企业按照供应链上游资源投入和下游产品产出之间的关系来进行决策以最大化企业利润。低碳经济模式下，需要政府及相关部门完善碳交易市场机制，碳排放权成为一种可交易的商品加入到企业的生产运营中，即除传统的资源交易和产品交易外，企业还需要进行碳排放权交易，这必然从根本上影响企业的成本构成和收益构成。因此，作为供应链企业在低碳化过程中需要在权衡投入和产出的基础上进行相应的低碳研发合作，而政府需要从低碳交易和低碳研发合作角度为企业营造更加舒适的合作环境，与企业共同实现收益和社会福利的最大化。

第 6 章　不同博弈结构下供应链企业与政府减排行为分析

在低碳时代，产品碳足迹对消费者价值的影响越来越大，从而影响到市场需求，而产品碳足迹包含从原材料到产成品全过程的排放量（Carbon Trust，2007）。但目前对于碳排放，国内外研究更多地关注供应商和制造商的碳排放而忽略了零售商的碳排放，认为零售业很“低碳”。事实并非如此，零售业的碳排放量在产品生命周期总的碳排放中占很大比重（邓华，2011）。零售商在整个碳足迹上的排放也是不可忽略的一个环节。因此，产品碳足迹的减少需要制造商和零售商的共同努力。

然后，出于资金和利润等原因的考虑，企业在减排方面的投资有限。国际大型连锁超市拥有较强的资金实力，目前已安装了世界领先的能源管理系统（包括空调系统、制冷系统、照明系统和电量监控等）。例如，位于嘉兴的沃尔玛物流配送中心，目前已经采用了许多较为先进的减排措施，每年能节约电耗 715 千瓦·时，二氧化碳排放量每年减少约 679 吨，碳排放量减少超过中国一个普通家庭约 3000 多个月的排放总量。在仓储物流方面，沃尔玛明确规定在物流中进行节能，如冷藏货运卡车在诸如仓库、码头等场所进行装货、卸货或者其他作业时，必须停止发动机，而利用现场电源制冷。同时，沃尔玛也启动了绿色供应链计划，和供应商一起探索和应用各类碳减排措施。但对于本土零售商（如华润万家和北京物美等），由于资金、技术和规模等多方面因素的制约而无法实现综合的节能减排。

为了降低碳排放的负外部性，减少环境污染，政府会通过某种形式的补贴、贷款以及鼓励减排合作等政策措施来帮助和激励企业减排。中国政府规定从 2012 年下半年开始对电价实行差别定价，利用阶梯电价的方式来引导消费者节能减排。针对汽车制造行业的碳排放问题，美国政府为汽车生产商和零部件制造商重设税收优惠和贷款担保，以使美国国内能够制造新的燃料效率的汽车。我国政府用消费税激励政策，通过降低小排量乘用车的消费税税率来影响消费者的购买行为。例如，从 2008 年 9 月起，排气量在 1.0 升（含 1.0 升）以下的乘用车，税率由 3%下调至 1%。

政府补贴将改变企业减排的外部环境，使企业运营的成本结构发生改变，从而为企业提供了新的决策空间。因此，在考虑零售商和制造商均减排且减排影响需求时，研究政府对零售商和制造商的减排补贴决策及其对减排和社会福利的影响具有重要意义。本章关注低碳环境下制造商和零售商均存在减排行为时，政府对制造商和零售商的减排补贴决策及其对二者减排决策带来的影响。

6.1 问题描述与模型假设

为了研究供应链上下游之间的减排合作行为及供应链碳减排合作下的政府补贴政策，本章建立由一个零售商及一个制造商组成的两级供应链模型。政府对二者的降低碳排放的成本投入分别进行补贴。供应链中的制造商利用低碳技术研发来减少碳排放，达到减排的目的；零售商可以通过低碳技术改造投入以及优化流通环节（仓储—运输—销售）来减少碳排放，考虑到消费者对低碳产品需求的不断增加，为了满足消费者的低碳偏好，零售商和制造商可以通过合作的方式来共同承担低碳产品的减排压力，双方的减排投入都会影响到消费者对该产品的需求。

6.1.1 模型假设

为研究方便，做如下假设：

假设 6.1 假定产品需求量 q 由两部分组成，即某一个固定值 q_0 和变动值 q_1；消费者拥有低碳偏好，因此在产品的销售过程中，该产品的变动销售量 q_1 依赖于制造商和零售商的低碳投入成本（c_m，c_r），其中 $c_m \geqslant 0$、$c_r \geqslant 0$；产品的减排投入和市场需求之间是非线性关系。本书选择科布—道格拉斯（Cobb-Douglas）函数来反映双方的成本关系，即成本投入与最终产出的互动关系和非线性关系。为使问题简化，设固定值 $q_0 = 0$，因此采用它来表示低碳产品的市场需求：

$$q = \eta c_m^{\alpha} c_r^{\beta} \tag{6.1}$$

式中，$\eta > 0$ 且为常数，表示碳排放减少程度转化为市场需求的比例；α 和 β 为供应链双方（制造商和零售商）相应的碳减排投入对低碳产品的绩效影响因子，其中 $\alpha > 0$，$\beta > 0$；一般认为，$\alpha + \beta < 1$ 以保证减排投入的规模不经济性。

假设 6.2 供应链企业的边际收益不变，分别用 ρ_m 和 ρ_r 表示且为正的常数，它们的数值可以通过企业的财务数据进行预测。

假设 6.3 制造商、零售商和政府三者的信息是完全的，即政府知道供应链企业的减排投入，政府对制造商和零售商减排成本提供的补贴系数为 λ_m 和 λ_r。

假设 6.4 均衡状态下，供应链成员都有正的需求和非负利润。

6.1.2 模型参数

对本模型涉及的主要参数作汇总，如表 6.1 所示。

表 6.1 主要参数及其说明

制造商的决策变量	
c_m	制造商的减排成本投入
零售商的决策变量	
c_r	零售商的减排成本投入
政府的决策变量	
λ_m，λ_r	政府分别对制造商和零售商减排投入的补贴率
主要参数说明	
α，β	分别为制造商和零售商的减排投入对低碳产品的绩效影响因子，即制造商和零售商的减排投入弹性，$\alpha+\beta<1$
η	表示碳排放减少程度转化为市场需求的比例，$\eta>0$
ρ_m，ρ_r	制造商和零售商的单位产品固定收益
λ_m^*，λ_r^*	纳什均衡条件下政府对制造商和零售商减排补贴率的最优值
c_m^*，c_r^*	纳什均衡条件下制造商和零售商的最优减排投入量
λ_m^{ms}，λ_r^{ms}	制造商占主导斯塔克尔伯格均衡下政府对制造商和零售商减排补贴率的最优值
λ_m^{rs}，λ_r^{rs}	零售商占主导斯塔克尔伯格均衡下政府对制造商和零售商减排补贴率的最优值
λ_m^c，λ_r^c	集中决策均衡下政府对制造商和零售商减排补贴率的最优值
π_c^N，π_c^{MS}，π_c^{RS}	分别表示纳什均衡、制造商主导和零售商主导斯塔克尔伯格均衡下的供应链系统的总收益
π_m^N，π_m^{MS}，π_m^{RS}	分别表示纳什均衡、制造商主导和零售商主导斯塔克尔伯格均衡下的制造商的收益
u	制造商和零售商的初始排放对社会福利的影响，假设为常数
e_{ml}，e_{rl}	制造商和零售商各自的碳减排总量，随着低碳技术改造投入的增加而增加
a，b	制造商和零售商各自的减排研发成本系数
d	污染损害系数

6.1.3　制造商、零售商和政府的收益函数

制造商和零售商的利润函数分别为：

$$\pi_m = \rho_m q - c_m + \lambda_m c_m \tag{6.2}$$

$$\pi_r = \rho_r q - c_r + \lambda_r c_r \tag{6.3}$$

企业由于其自身资源的限制，在减排活动中往往存在投入不足的情况，因此需要政府提供一定的减排补贴，通过激励企业生产碳排放少的产品来更好地实现节能减排的目标，同时对企业来说可以提升企业的市场竞争力和可持续发展能力，政府的效用函数实质是在考虑环境影响和减排补贴条件下使供应链系统投入产出最大化。因此在定义其效用大小时需要考虑企业的利润、碳排放环境的效应及政府补贴等；故将式（6.2）和式（6.3）相加再减去补贴和环境影响的负效应，由于企业的初始碳排放水平是一定的，因此在没有投入减排研发时对环境的影响是常数，设为 u；借鉴减排研发投入和减少的污染物排放量之间的关系（Poyago-Theotoky，2007），可以得到低碳技术改造投入成本与减排量之间存在关系为 $c_m = 1/2 \cdot ae_m^2$，$c_r = 1/2 \cdot be_r^2$。企业投入资金进行低碳技术改造后，可以减少碳排放，从而对环境产生正效应，这一内容主要通过制造商和零售商碳排放量反映，因此政府的收益函数为：

$$u_g = (\rho_m + \rho_r)q - u + 1/2 \cdot d(e_m^2 + e_r^2) - c_m - c_r \tag{6.4}$$

结合双方的各自减排研发投入与减排量之间的关系可得：

$$u_g = (\rho_m + \rho_r)q - u - sc_m - tc_r \tag{6.5}$$

式中，$s = 1 - d/a$，$t = 1 - d/b$。

6.2 不同博弈均衡下的补贴政策

本章考虑了一个由制造商和零售商组成的两阶段供应链的减排行为和政府减排补贴的问题，探求在供应链企业不同的博弈结构下的减排投入、供应链收益与政府补贴的关系，对不同博弈结构下的政府减排补贴策略和企业的收益进行了比较分析。

6.2.1 纳什均衡下的企业收益和政府减排补贴政策

在纳什均衡（Nash Equilibrium，NE）下，供应链的一方对另一方不具有垄断能力，即制造商和零售商是平等的合作伙伴关系，当成员各方都得到政府的减排补贴后同时采取行动。在政府先规定减排补贴率的情形下，制造商和零售商的目标是在给定对方的策略和满足自身的约束下，选择各自收益最大的策略。

命题 6.1 在 NE 条件下，政府对双方的减排研发补贴取决于对方的边际收益，污染损害系数及双方的减排成本系数，政府的减排补贴方案为：

$\lambda_m^* = 1 - s \cdot \rho_m/(\rho_m + \rho_r)$，$\lambda_r^* = 1 - t \cdot \rho_r/(\rho_m + \rho_r)$

证明：采用逆序解法。

博弈第 2 阶段，在给定的政府减排补贴率情形下，制造商和零售商选择最优减排成本投入，从而分别最大化自己的利润。易证 $\partial^2\pi_m/\partial c_m^2 < 0$，$\partial^2\pi_r/\partial c_r^2 < 0$，显然 $\pi_m(c_m)$ 是关于 c_m 的凹函数，将式（6.2）和式（6.3）联立，并将式（6.1）代入后，分别关于 c_m 和 c_r 求偏导，令其等于零，可得：

$$\begin{cases} c_m^* = \eta^{\frac{1}{1-\alpha-\beta}} \cdot \left(\frac{\alpha\rho_m}{1-\lambda_m}\right)^{\frac{1-\beta}{1-\alpha-\beta}} \cdot \left(\frac{\beta\rho_r}{1-\lambda_r}\right)^{\frac{\beta}{1-\alpha-\beta}} \\ c_r^* = \eta^{\frac{1}{1-\alpha-\beta}} \cdot \left(\frac{\alpha\rho_m}{1-\lambda_m}\right)^{\frac{\alpha}{1-\alpha-\beta}} \cdot \left(\frac{\beta\rho_r}{1-\lambda_r}\right)^{\frac{1-\alpha}{1-\alpha-\beta}} \end{cases} \tag{6.6}$$

从而得到 NE 条件下的均衡产量为：

$$q_{NE} = \eta^{\frac{1}{1-\alpha-\beta}} \cdot \left(\frac{\alpha\rho_m}{1-\lambda_m}\right)^{\frac{\alpha}{1-\alpha-\beta}} \cdot \left(\frac{\beta\rho_r}{1-\lambda_r}\right)^{\frac{\beta}{1-\alpha-\beta}} \tag{6.7}$$

博弈第 1 阶段，政府确定最优减排补贴率使其收益最大，即政府最大化式（6.5），将式（6.6）和式（6.7）代入式（6.5），同理不难证明 $u_g(\lambda_m, \lambda_r)$ 的海森矩阵负定，因此是关于 λ_m、λ_r 的凸函数，由一阶条件联立可解得最优的减排补贴率为：

$$\lambda_m^* = 1 - s \cdot \rho_m/(\rho_m + \rho_r),\ \lambda_r^* = 1 - t \cdot \rho_r/(\rho_m + \rho_r) \tag{6.8}$$

证毕！

从式（6.8）可知，当参与双方以纳什博弈时，政府对制造商（零售商）的减排补贴不仅取决于对方的边际收益在总边际收益中的比重，还取决于碳排放对环境的污染水平与制造商（零售商）的减排研发成本系数的比值，即当减排研发水平和环境污染水平一定时，一方得到的减排补贴率会随着对方的边际收益在总边际收益中的比重递增。

这种情况表明，政府的减排补贴可以平衡制造商和零售商两方的收益，政府的低碳补贴策略是：对于边际收益较低的供应链成员给予较高的减排补贴率，而对边际收益相对较高的供应链成员给予较低的减排补贴率，这有利于制造商和零售商双方为了获得最优产出而在减少碳排放方面均衡投入。

6.2.2　斯塔克尔伯格均衡下的减排补贴政策

在斯塔克尔伯格均衡（Stackelberg Equilibrium，SE）下，存在两种力量不对等情况（何龙飞，2010；秦娟娟，2010）：制造商为领导者而零售商作为跟随者和零售商为领导者而制造商为跟随者。

考虑由政府、零售商和制造商组成一个三阶段的博弈。政府首先确定减排补贴系数，其次供应链核心企业（领导者）确定最优减排投入，最后跟随者根据核心企业的减排投入来确定自己的最优减排投入。

命题 6.2 在 SE 条件下，政府对力量不对等供应链的领导者提供减排补贴需要满足一定的条件，存在两种情况：

（1）在零售商主导的低碳供应链中，当 $\rho_m/\rho_r > t/(1-\alpha)-1$ 时，政府为零售商提供减排补贴，否则不提供，此时对制造商和零售商的补贴率分别为：

$$\lambda_m^{rs} = 1 - s\cdot\rho_m/(\rho_m+\rho_r),\ \lambda_r^{rs} = 1 - t\cdot\rho_r/[(1-\alpha)(\rho_m+\rho_r)] \tag{6.9}$$

（2）在制造商主导的低碳供应链中，当 $\rho_r/\rho_m > s/(1-\beta)-1$ 时，政府为制造商提供减排补贴，否则不提供，此时对制造商和零售商的补贴率分别为：

$$\lambda_m^{ms} = 1 - s\rho_m/[(1-\beta)(\rho_m+\rho_r)],\ \lambda_r^{ms} = 1 - t\cdot\rho_r/(\rho_m+\rho_r) \tag{6.10}$$

证明：下面证明（1），按照逆序解法，分为三个阶段。

在第三阶段，固定零售商的碳减排投入和政府补贴率，制造商确定使自己收益最大的最优碳减排投入。易证 $\partial^2\pi_m/\partial c_m^2 = \alpha\rho_m\eta(\alpha-1)c_m^{\alpha-2}c_r^{\beta} < 0$，由式（6.2）关于 c_m 的一阶条件：

$$\partial\pi_m/\partial c_m = \alpha\rho_m\eta c_m^{\alpha-1}c_r^{\beta} - 1 + \lambda_m \tag{6.11}$$

解得：

$$c_m = \left(\frac{1-\lambda_m}{\alpha\rho_m\eta}\right)^{\frac{1}{\alpha-1}}\cdot c_r^{\frac{\beta}{1-\alpha}} \tag{6.12}$$

在第二阶段，零售商根据政府给定的补贴率最大化自己的利润函数式（6.3），同理易证 $\partial^2\pi_r/\partial c_r^2 < 0$，将式（6.12）代入式（6.3）可得：

$$\pi_r = \rho_r\eta\left(\frac{1-\lambda_m}{\alpha\rho_m\eta}\right)^{\frac{\alpha}{\alpha-1}}\cdot c_r^{\frac{\beta}{1-\alpha}} - c_r + \lambda_r c_r \tag{6.13}$$

由一阶条件可得：

$$c_r^{rs} = \eta^{\frac{1}{1-\alpha-\beta}}\left[\frac{\beta\rho_r}{(1-\alpha)(1-\lambda_r)}\right]^{\frac{1-\alpha}{1-\alpha-\beta}}\cdot\left(\frac{\alpha\rho_m}{1-\lambda_m}\right)^{\frac{\alpha}{1-\alpha-\beta}} \tag{6.14}$$

从而：

$$c_m^{rs} = \eta^{\frac{1}{1-\alpha-\beta}}\left[\frac{\beta\rho_r}{(1-\alpha)(1-\lambda_r)}\right]^{\frac{\beta}{1-\alpha-\beta}}\cdot\left(\frac{\alpha\rho_m}{1-\lambda_m}\right)^{\frac{1-\beta}{1-\alpha-\beta}} \tag{6.15}$$

由式（6.14）和式（6.15）可得式（6.16）和式（6.18）：

$$\frac{\partial c_m^{rs}}{\partial\lambda_m} = \eta^{\frac{1}{1-\alpha-\beta}}\left[\frac{\beta\rho_r}{(1-\alpha)(1-\lambda_r)}\right]^{\frac{\beta}{1-\alpha-\beta}}\cdot\frac{1-\beta}{1-\alpha-\beta}\cdot(\alpha\rho_m)^{\frac{1-\beta}{1-\alpha-\beta}}(1-\lambda_m)^{\frac{\alpha+2\beta-2}{1-\alpha-\beta}} \tag{6.16}$$

$$\frac{\partial c_m^{rs}}{\partial\lambda_r} = \eta^{\frac{1}{1-\alpha-\beta}}\left[\frac{\alpha\rho_m}{1-\lambda_m}\right]^{\frac{1-\beta}{1-\alpha-\beta}}\cdot\frac{\beta}{1-\alpha-\beta}\cdot\left(\frac{\beta\rho_r}{1-\alpha}\right)^{\frac{\beta}{1-\alpha-\beta}}(1-\lambda_r)^{\frac{\alpha-1}{1-\alpha-\beta}} \tag{6.17}$$

$$\frac{\partial c_r^{rs}}{\partial\lambda_m} = \eta^{\frac{1}{1-\alpha-\beta}}\cdot\frac{\alpha}{1-\alpha-\beta}\cdot(\alpha\rho_m)^{\frac{\alpha}{1-\alpha-\beta}}(1-\lambda_m)^{\frac{\beta-1}{1-\alpha-\beta}}\cdot\left[\frac{\beta\rho_r}{(1-\alpha)(1-\lambda_r)}\right]^{\frac{1-\alpha}{1-\alpha-\beta}} \tag{6.18}$$

$$\frac{\partial c_r^{rs}}{\partial\lambda_r} = \eta^{\frac{1}{1-\alpha-\beta}}\left[\frac{\alpha\rho_m}{1-\lambda_m}\right]^{\frac{\alpha}{1-\alpha-\beta}}\cdot\frac{1-\alpha}{1-\alpha-\beta}\cdot\left(\frac{\beta\rho_r}{1-\alpha}\right)^{\frac{1-\alpha}{1-\alpha-\beta}}(1-\lambda_r)^{\frac{2\alpha+\beta-2}{1-\alpha-\beta}} \tag{6.19}$$

此时，

$$q_r=\eta^{\frac{1}{1-\alpha-\beta}}\left(\frac{\alpha\rho_m}{1-\lambda_m}\right)^{\frac{\alpha(1-\beta)}{1-\alpha-\beta}}\cdot\left(\frac{\beta\rho_r}{(1-\alpha)(1-\lambda_r)}\right)^{\frac{\alpha\beta}{1-\alpha-\beta}}$$

$$\left(\frac{\alpha\rho_m}{1-\lambda_m}\right)^{\frac{\alpha\beta}{1-\alpha-\beta}}\cdot\left(\frac{\beta\rho_r}{(1-\alpha)(1-\lambda_r)}\right)^{\frac{(1-\alpha)\beta}{1-\alpha-\beta}}$$

即：

$$q_r=\eta^{\frac{1}{1-\alpha-\beta}}\left(\frac{\alpha\rho_m}{1-\lambda_m}\right)^{\frac{\alpha}{1-\alpha-\beta}}\cdot\left(\frac{\beta\rho_r}{(1-\alpha)(1-\lambda_r)}\right)^{\frac{\beta}{1-\alpha-\beta}} \tag{6.20}$$

因此有：

$$u_g(\lambda_m,\ \lambda_r)=(\rho_m+\rho_r)\left(\frac{\alpha\rho_m}{1-\lambda_m}\right)^{\frac{\alpha}{1-\alpha-\beta}}\cdot\left(\frac{\beta\rho_r}{(1-\alpha)(1-\lambda_r)}\right)^{\frac{\beta}{1-\alpha-\beta}}-sc_m^{rs}-tc_r^{rs} \tag{6.21}$$

对式（6.21）对其求一阶导数令其等于零：

$$\begin{cases}u_g(\lambda_m,\ \lambda_r)/\lambda_m=0\\u_g(\lambda_m,\ \lambda_r)/\lambda_r=0\end{cases} \tag{6.22}$$

$$\frac{u_g(\lambda_m,\ \lambda_r)}{\lambda_m}=(\rho_m+\rho_r)-s\rho_m(1-\beta)\frac{1}{1-\lambda_m}-t\frac{\beta\rho_r}{(1-\alpha)(1-\lambda_r)}=0 \tag{6.23}$$

同理可得：

$$\frac{u_g(\lambda_m,\ \lambda_r)}{\lambda_r}=\rho_m+\rho_r-s\frac{\alpha\rho_m}{1-\lambda_m}-t\frac{\rho_r}{1-\lambda_r}=0 \tag{6.24}$$

联立两个方程（6.23）和方程（6.24）可得：

$$\begin{cases}\dfrac{u_g(\lambda_m,\ \lambda_r)}{\lambda_m}=(\rho_m+\rho_r)-s\rho_m(1-\beta)\dfrac{1}{1-\lambda_m}-t\dfrac{\beta\rho_r}{(1-\alpha)(1-\lambda_r)}=0\\\dfrac{u_g(\lambda_m,\ \lambda_r)}{\lambda_r}=\rho_m+\rho_r-s\dfrac{\alpha\rho_m}{1-\lambda_m}-t\dfrac{\rho_r}{1-\lambda_r}=0\end{cases} \tag{6.25}$$

在第一阶段，政府确定最优碳减排补贴率，把制造商和零售商的最

优碳减排投入代入政府的效用函数式（6.5），不难证明此时 $u_g(\lambda_m, \lambda_r)$ 的海森矩阵负定，因此是关于 λ_m，λ_r 的凹函数，由一阶条件式（6.25）联立可得政府减排补贴的最优方案为：

$$\lambda_m^{rs} = 1 - s \cdot \rho_m / (\rho_m + \rho_r) \tag{6.26}$$

$$\lambda_r^{rs} = 1 - t \cdot \rho_r / [(1 - \alpha)(\rho_m + \rho_r)] \tag{6.27}$$

同理可证（2）。证毕！

由式（6.27）可知，在零售商占主导的低碳供应链中，当 $\lambda_r^{rs} > 0$，即 $\rho_m/\rho_r > t/(1-\alpha) - 1$ 时，政府为零售商的减排投入提供补贴，补贴率与零售商的边际收益在双方总的边际收益中所占的份额、污染损害系数与减排成本系数的比值及制造商的减排投入弹性相关。由于 t，α，ρ_m 和 ρ_r 为常数，因此 $\partial\lambda_r^{rs}/\partial\alpha = -t\rho_r/[(\rho_m + \rho_r)(1-\alpha)^2] < 0$，这说明政府对零售商减排投入的补贴与制造商的减排投入弹性负相关，即消费者对制造商的减排投入越敏感，政府对零售商的减排补贴系数越小，以此来激励作为供应链领导者的零售商在一定的条件下为制造商的减排提供补贴；由此可知，消费者对于低碳产品的需求越高，政府对零售商的补贴就越低。同时，当 $\lambda_r^{rs} \leqslant 0$，即 $0 < \rho_m/\rho_r < t/(1-\alpha) - 1$ 时，政府不再为零售商的减排投入提供补贴，而是要采取措施来抑制其过度的减排投入，如利用征收碳税的方式，使其在供应链减排的过程中，考虑自身利益最大化的情况下，有动机给予制造商适当的减排补贴，从而实现自身利益的最大化的同时，也实现了供应链的整体的优化。

同理，通过分析式（6.10）可知，在制造商占主导地位的低碳供应链中，同样存在类似的情况，即政府对供应链的领导方的减排补贴具有一定的条件。由于 a、d、ρ_m 和 ρ_r 保持不变，由 $\partial\lambda_m^{ms}/\partial\beta = -s\rho_m/[(1-\beta)^2(\rho_m + \rho_r)] < 0$ 可知，政府对制造商的减排投入的补贴与零售商的减排投入弹性负相关，即消费者需求对零售商的减排投入越敏感，政府对制造商的减

排补贴系数越小；由此可知，消费者对于低碳产品的需求越高，政府对制造商的补贴越低。同时，当 $\lambda_m^{ms} \leqslant 0$，政府不再为制造商的减排投入提供补贴，而是要采取措施抑制其过度的减排投入，例如政府对其征收碳税，使其在供应链减排的过程中，在考虑自身利益最大化的情况下，有动机给予零售商适当的减排补贴，从而实现自身利益的最大化的同时，也实现了供应链的整体的优化。

由此可知，政府的补贴策略会随着供应链结构的不同而有所变化，在 SE 博弈条件下，供应链领导者获得政府的减排补贴是有条件的，这主要是考虑到主导方在供应链优化过程中起着非常重要的作用，一味地为其提供减排补贴可能导致供应链整体出现“不经济”的现象，可能会产生这样的情形：过度的政府补贴会导致企业过度的减排投入，但对于整个社会福利水平的改善却极小。因此，在一定的条件下，政府需要变补贴为惩罚（如征税等），来激励供应链领导者考虑自身利益最大化的过程中，也要关注供应链体系总体的效益改善。

6.2.3 集中决策模式下的减排补贴政策

在供应链集中决策模式下，假设存在中心决策者，其目标是追求合作企业共同利益的最大化。政府先根据自身情况规定减排补贴率，制造商和零售商在观察到政府的减排补贴率后最大化供应链整体利润。两个企业的总利润目标函数为：

$$\max\pi = (\rho_m + \rho_r)q - (1 - \lambda_m)c_m - (1 - \lambda_r)c_r \tag{6.28}$$

命题 6.3 在集中决策的低碳供应链中，企业会自行通过最优产出来决定减排投入水平，政府不再给供应链任何一方提供减排补贴。

证明：在集中决策的情形下，制造商和零售商的决策是信息完全情形下的共同决策，追求整体的利润最大化，与政府形成两阶段博弈。

第 2 阶段双方借助式（6.28）所示的共同利润函数来选择最优的投入

水平，其求解过程与 6.2.1 节的命题 6.1 的证明过程，这里不再赘述。

在第 1 阶段政府根据式（6.5）最大化其效用并选择相应的减排补贴率。通过数理方法求解可得此时政府的减排补贴方案为 $\lambda_m^c = 0$，$\lambda_r^c = 0$。

可见，在集中决策的情况下，政府的最优策略是不给双方提供减排补贴，企业通过利润最大化原则会自行调整产出并选择相应的减排研发投入水平。证毕！

6.3　不同博弈结构下企业减排行为与政府补贴的对比分析和讨论

6.3.1　供应链企业的减排投入和利润与政府减排补贴的关系分析

由命题 6.3 可知，在双方的集中决策中，政府对双方的减排补贴的最优值为零，因此，下面主要针对纳什博弈和斯塔克尔伯格博弈两种博弈形式下的政府减排补贴与企业的减排成本及利润的关系进行讨论。

命题 6.4　非合作博弈下，制造商和零售商各自的减排投入和收益都与政府的减排补贴正相关。

证明：以纳什博弈为例来证，

结合式（6.2）和式（6.7）得 $\pi_m = \eta^{\frac{1}{1-\alpha-\beta}} \cdot \left(\frac{\beta\rho_r}{1-\lambda_r}\right)^{\frac{\beta}{1-\alpha-\beta}} \left(\frac{\alpha\rho_m}{1-\lambda_m}\right)^{\frac{\alpha}{1-\alpha-\beta}} \frac{1-\alpha}{\alpha}$，所以 $\frac{\partial\pi_m}{\partial\lambda_m} = \eta^{\frac{1}{1-\alpha-\beta}} \cdot \left(\frac{\beta\rho_r}{1-\lambda_r}\right)^{\frac{\beta}{1-\alpha-\beta}} \frac{1-\alpha}{1-\alpha-\beta} (\alpha\rho_m)^{\frac{\alpha}{1-\alpha-\beta}}$

$(\frac{1}{1-\lambda_m})^{\frac{1-\beta}{1-\alpha-\beta}}$。

由于 $1-\lambda_r>0$，$1-\lambda_m>0$，$1-\alpha-\beta>0$，故 $\partial\pi_m/\partial\lambda_m>0$，因此制造商的收益与政府给制造商的减排补贴正相关。由 $c_m=\eta^{\frac{1}{1-\alpha-\beta}}\cdot(\frac{\alpha\rho_m}{1-\lambda_m})^{\frac{1-\beta}{1-\alpha-\beta}}\cdot(\frac{\beta\rho_r}{1-\lambda_r})^{\frac{\beta}{1-\alpha-\beta}}$，关于 λ_m 求偏导得 $\frac{\partial c_m}{\partial\lambda_m}=\eta^{\frac{1}{1-\alpha-\beta}}\cdot(\alpha\rho_m)^{\frac{1-\beta}{1-\alpha-\beta}}\cdot\frac{1-\beta}{1-\alpha-\beta}(\frac{1}{1-\lambda_m})^{\frac{2-\alpha-2\beta}{1-\alpha-\beta}}\cdot(\frac{\beta\rho_r}{1-\lambda_r})^{\frac{\beta}{1-\alpha-\beta}}$，显然 $\partial c_m/\partial\lambda_m>0$，故制造商的减排投入与政府减排补贴正相关。

同理可证，零售商的减排投入和收益与政府的减排补贴正相关。即在纳什博弈中，制造商和零售商各自的投入和收益随着政府对其减排补贴的增加而增加。

类似可以得到，在斯塔克尔伯格博弈中，同样存在供应链企业的减排投入和收益与政府对减排的补贴系数正相关。

故在非合作博弈中，供应链企业的减排投入和收益都与政府对减排的补贴系数正相关，即它们的减排投入和收益会随着政府补贴的增加而增加。证毕！

6.3.2 不同博弈情形下的供应链体系的总收益和政府补贴的比较

制造商和零售商在三种博弈关系下的总利润不同，一般认为集中决策下的总收益是最大的，但是在政府的补贴政策下会影响供应链成员的成本构成，从而影响企业之间在不同博弈关系下的收益。

命题 6.5 当政府提供减排补贴时，政府最优减排补贴和供应链总利润随着制造商和零售商合作紧密程度的提高而递减。即在 NE 情况下最

大，在 SE 情况下次之，在集中决策条件时的合作均衡下最小。

证明：考虑三种情形，按照合作的紧密程度，首先分析纳什均衡情况下的供应链体系的总收益。由前面的讨论，有：

$\pi_c^N = (\rho_m + \rho_r)q - (1 - \lambda_m^*)c_m - (1 - \lambda_r^*)c_r$，化简整理得：

$$\pi_c^N = \eta^{\frac{1}{1-\alpha-\beta}}\left(\frac{1}{1-\lambda_m^*}\right)^{\frac{\alpha}{1-\alpha-\beta}}\left(\frac{1}{1-\lambda_r^*}\right)^{\frac{\beta}{1-\alpha-\beta}}\left[(\beta\rho_r)^{\frac{\beta}{1-\alpha-\beta}}\rho_m^{\frac{1-\beta}{1-\alpha-\beta}}\left(\alpha^{\frac{\alpha}{1-\alpha-\beta}} - \alpha^{\frac{1-\beta}{1-\alpha-\beta}}\right) + (\alpha\rho_m)^{\frac{\alpha}{1-\alpha-\beta}}\rho_r^{\frac{1-\alpha}{1-\alpha-\beta}}\left(\beta^{\frac{\beta}{1-\alpha-\beta}} - \beta^{\frac{1-\alpha}{1-\alpha-\beta}}\right)\right] \tag{6.29}$$

在制造商占主导的斯塔克尔伯格博弈下，由前面的讨论可得：

$$\pi_c^{MS} = (\rho_m + \rho_r)q - (1-\lambda_m)\eta^{\frac{1}{1-\alpha-\beta}}\left(\frac{\alpha\rho_m}{(1-\beta)(1-\lambda_m)}\right)^{\frac{1-\beta}{1-\alpha-\beta}}\cdot\left(\frac{\beta\rho_r}{1-\lambda_r}\right)^{\frac{\beta}{1-\alpha-\beta}} - (1-\lambda_r)\eta^{\frac{1}{1-\alpha-\beta}}\left(\frac{\alpha\rho_m}{(1-\beta)(1-\lambda_m)}\right)^{\frac{\alpha}{1-\alpha-\beta}}\cdot\left(\frac{\beta\rho_r}{1-\lambda_r}\right)^{\frac{1-\alpha}{1-\alpha-\beta}}$$

其中，

$$q^{ms} = \eta^{\frac{1}{1-\alpha-\beta}}\cdot\left(\frac{\alpha\rho_m}{(1-\beta)(1-\lambda_m)}\right)^{\frac{\alpha}{1-\alpha-\beta}}\left(\frac{\beta\rho_r}{1-\lambda_r}\right)^{\frac{\beta}{1-\alpha-\beta}}$$

化简整理得：

$$\pi_c^{MS} = \eta^{\frac{1}{1-\alpha-\beta}}\left(\frac{1}{1-\lambda_r^{ms}}\right)^{\frac{\beta}{1-\alpha-\beta}}\left(\frac{1}{(1-\beta)(1-\lambda_m^{ms})}\right)^{\frac{\alpha}{1-\alpha-\beta}}\left\{(\beta\rho_r)^{\frac{\beta}{1-\alpha-\beta}}\cdot\rho_m^{\frac{1-\beta}{1-\alpha-\beta}}\cdot\left[\alpha^{\frac{\alpha}{1-\alpha-\beta}} - \alpha^{\frac{1-\beta}{1-\alpha-\beta}}\left(\frac{1}{1-\beta}\right)^{\frac{1-\beta}{\alpha}}\right] + (\alpha\rho_m)^{\frac{\alpha}{1-\alpha-\beta}}\cdot\rho_r^{\frac{1-\alpha}{1-\alpha-\beta}}\left(\beta^{\frac{\beta}{1-\alpha-\beta}} - \beta^{\frac{1-\alpha}{1-\alpha-\beta}}\right)\right\} \tag{6.30}$$

由式（6.29）和式（6.30）有：

$$\frac{\pi_c^N}{\pi_c^{MS}}=\frac{(\beta\rho_r)^{\frac{\beta}{1-\alpha-\beta}}\rho_m^{\frac{1-\beta}{1-\alpha-\beta}}(\alpha^{\frac{\alpha}{1-\alpha-\beta}}-\alpha^{\frac{1-\beta}{1-\alpha-\beta}})+(\alpha\rho_m)^{\frac{\alpha}{1-\alpha-\beta}}\cdot\rho_r^{\frac{1-\alpha}{1-\alpha-\beta}}(\beta^{\frac{\beta}{1-\alpha-\beta}}-\beta^{\frac{1-\alpha}{1-\alpha-\beta}})}{(\beta\rho_r)^{\frac{\beta}{1-\alpha-\beta}}\cdot\rho_m^{\frac{1-\beta}{1-\alpha-\beta}}[\alpha^{\frac{\alpha}{1-\alpha-\beta}}-\alpha^{\frac{1-\beta}{1-\alpha-\beta}}(\frac{1}{1-\beta})^{\frac{1-\beta}{\alpha}}]+(\alpha\rho_m)^{\frac{\alpha}{1-\alpha-\beta}}\cdot\rho_r^{\frac{1-\alpha}{1-\alpha-\beta}}(\beta^{\frac{\beta}{1-\alpha-\beta}}-\beta^{\frac{1-\alpha}{1-\alpha-\beta}})}$$

由于 $0<1-\beta<1$，故 $(\frac{1}{1-\beta})^{\frac{1-\beta}{\alpha}}>1$ 从而 $\frac{\pi_c^N}{\pi_c^{MS}}>1$，即 $\pi_c^N>\pi_c^{MS}$，也就是说，NE 下的供应链收益大于制造商占主导的 SE 下的收益；同理可证，NE 下的供应链收益大于零售商占主导的 SE 下的收益。同时易证制造商占主导的 SE 下的供应链总体收益大于集中决策时的供应链总体收益。

下面分析在三种博弈下的政府补贴率的大小，显然在集中决策时，政府对供应链成员的减排补贴为零，是最小的；针对 NE 和 SE 下的补贴率进行比较，不失一般性，以制造商占主导的情形为例（零售商占主导的情形类似）。

由式（6.8）~式（6.10）可知：

$\lambda_r^{ms}=1-t\cdot\rho_r/(\rho_m+\rho_r)=\lambda_r^*$，$\lambda_m^*-\lambda_m^{ms}=s\beta\rho_m/[(1-\beta)(\rho_m+\rho_r)]$

显然 $\beta/(1-\beta)>0$，故 $\lambda_m^*-\lambda_m^{ms}>0$，即 $\lambda_m^*>\lambda_m^{ms}$ 命题得证。

由此可知，政府的减排补贴政策改变了传统的三种博弈形式下的供应链总收益的大小关系，因此政府的规制可以导致供应链企业采取不同的博弈形式来最大化自身的收益。

6.3.3 不同博弈条件下企业收益及补贴的比较

从以上分析可以看出，政府碳减排补贴对企业收益具有调节的作用，本书将供应链双方在纳什博弈和斯塔克尔伯格博弈下各自的收益分别进行了比较。将不同博弈关系下的补贴率代入双方的收益函数得到命题 6.6。

命题 6.6 在政府减排补贴的条件下，在制造商（零售商）占主导的斯塔克尔伯格博弈中，制造商（零售商）的收益少于纳什均衡中的收益，

而跟随者零售商（制造商）的收益在两种情况下是一样的。

证明：在纳什均衡中，制造商的利润函数为：

$$\pi_m^N = \rho_m \eta c_m^{\alpha} c_r^{\beta} - (1 - \lambda_m) c_m \tag{6.31}$$

将式（6.6）和式（6.7）代入式（6.31）可得：

$$\pi_m^N = \eta^{\frac{1}{1-\alpha-\beta}} \left(\frac{\beta \rho_r}{1-\lambda_r}\right)^{\frac{\beta}{1-\alpha-\beta}} \cdot \rho_m^{\frac{1-\beta}{1-\alpha-\beta}} \left(\frac{1}{1-\lambda_m}\right)^{\frac{\alpha}{1-\alpha-\beta}} \left[\alpha^{\frac{\alpha}{1-\alpha-\beta}} - \alpha^{\frac{1-\beta}{1-\alpha-\beta}}\right] \tag{6.32}$$

在斯塔克尔伯格博弈下，以零售商占主导为例来证明。

考虑零售商在两种博弈情形下的利润。联立式（6.3）、式（6.10）、式（6.14）和式（6.15）可得，在斯塔克尔伯格博弈情形下制造商的利润函数：

$$\pi_m^{RS} = \rho_m \eta c_m^{\alpha} c_r^{\beta} - (1 - \lambda_m^{rs}) c_m \tag{6.33}$$

将式（6.14）和式（6.15）代入式（6.33）后化简得：

$$\pi_m^{RS} = \eta^{\frac{1}{1-\alpha-\beta}} \left(\frac{\beta \rho_r}{(1-\alpha)(1-\lambda_r^{rs})}\right)^{\frac{\beta}{1-\alpha-\beta}} \left(\frac{1}{1-\lambda_m^{rs}}\right)^{\frac{\alpha}{1-\alpha-\beta}} \rho_m^{\frac{1-\beta}{1-\alpha-\beta}} \left[\alpha^{\frac{\alpha}{1-\alpha-\beta}} - \alpha^{\frac{1-\beta}{1-\alpha-\beta}}\right] \tag{6.34}$$

比较式（6.32）和式（6.34）可得：

$$\frac{\pi_m^{RS}}{\pi_m^N} = \left(\frac{1-\lambda_r^*}{(1-\alpha)(1-\lambda_r^{rs})}\right)^{\frac{\beta}{1-\alpha-\beta}} \left(\frac{1-\lambda_m^*}{1-\lambda_m^{rs}}\right)^{\frac{\alpha}{1-\alpha-\beta}} \tag{6.35}$$

因此，$\lambda_m^* = \lambda_m^{rs}$，$\lambda_r^{rs} = 1 - t \cdot \rho_r / [(1-\alpha)(\rho_m + \rho_r)]$，$\lambda_r^* = \lambda_r^{rs} = 1 - t \cdot \rho_r / (\rho_m + \rho_r)$，代入式（6.35）整理得：$\pi_m^{RS} / \pi_m^N = 1$，即 $\pi_m^{RS} = \pi_m^N$，也就是说，在 NE 和零售商主导下的 SE 下制造商的收益是不变的。

同理可得，NE 和 SE 下零售商的收益分别为：

$$\pi_r^N = \eta^{\frac{1}{1-\alpha-\beta}}\left(\frac{\alpha\rho_m}{1-\lambda_m^*}\right)^{\frac{\alpha}{1-\alpha-\beta}}\rho_r^{\frac{1-\alpha}{1-\alpha-\beta}}\left(\frac{1}{1-\lambda_r^*}\right)^{\frac{\beta}{1-\alpha-\beta}}\left(\beta^{\frac{\beta}{1-\alpha-\beta}} - \beta^{\frac{1-\alpha}{1-\alpha-\beta}}\right) \tag{6.36}$$

$$\pi_r^{RS} = \eta^{\frac{1}{1-\alpha-\beta}}\left(\frac{\alpha\rho_m}{1-\lambda_m^{rs}}\right)^{\frac{\alpha}{1-\alpha-\beta}}\rho_r^{\frac{1-\alpha}{1-\alpha-\beta}}\left(\frac{1}{1-\lambda_r^{rs}}\right)^{\frac{\beta}{1-\alpha-\beta}}\left[\left(\frac{\beta}{1-\alpha}\right)^{\frac{\beta}{1-\alpha-\beta}} - \left(\frac{\beta}{1-\alpha}\right)^{\frac{1-\alpha}{1-\alpha-\beta}}\right] \tag{6.37}$$

由上面两式可得：

$$\frac{\pi_r^N}{\pi_r^{RS}} = \frac{\left(\beta^{\frac{\beta}{1-\alpha-\beta}} - \beta^{\frac{1-\alpha}{1-\alpha-\beta}}\right)}{(\beta)^{\frac{\beta}{1-\alpha-\beta}} - \beta^{\frac{1-\alpha}{1-\alpha-\beta}}\left(\frac{1}{1-\alpha}\right)^{\frac{1-\alpha}{\beta}}} \tag{6.38}$$

由于 $\alpha < 1$，故 $1/(1-\alpha) > 1$，从而 $[1/(1-\alpha)]^{\frac{1-\alpha}{\beta}} > 1$，所以 $\pi_r^N/\pi_r^{RS} > 1$，即 $\pi_r^N > \pi_r^{RS}$，也就是说，在 NE 下零售商的收益大于在零售商占主导的 SE 下的零售商的收益。证毕！

按照博弈论的一般理论，作为供应链中的主导者在 SE 中的收益（不存在政府补贴的条件下）不会少于 NE 下的收益。然而，在补贴条件下却恰恰相反。这说明补贴改变了供应链双方收益的分配。在供应链内部存在补贴的条件下，跟随者的收益随着博弈条件的不同而不同，其大小也无法确定；而在政府减排补贴条件下，跟随者的收益保持不变，这说明政府通过减排补贴不仅调整低碳供应链收益分配，而且可以调整供应链双方的博弈结构。

命题 6.7 在力量不对等的主—从博弈关系中，政府的减排补贴应依据成员在供应链中的地位不同而有所区别。具体来说，作为主导方获得的政府减排补贴小于其处于跟随者地位时获得的补贴；即比较两种情形下的制造商获得的来自政府的补贴，制造商（零售商）在居于主导地位

获得的补贴小于其在零售商（制造商）占主导情形下获得的补贴。

证明：由式（6.9）和式（6.10）可知：

$\lambda_m^{ms} - \lambda_m^{rs} = 1 - s\rho_m/[(1-\beta)(\rho_m+\rho_r)] - [1 - s\cdot\rho_m/(\rho_m+\rho_r)]$，

即 $\lambda_m^{ms} - \lambda_m^{rs} = -s\beta\rho_m/[(1-\beta)(\rho_m+\rho_r)] < 0$。

故 $\lambda_m^{ms} < \lambda_m^{rs}$，即在制造商占主导博弈中，政府给制造商的减排补贴小于零售商占主导的博弈中给制造商的减排补贴。

同理，利用式（6.9）和式（6.10）可知，$\lambda_r^{rs} < \lambda_r^{ms}$，即在零售商占主导的博弈中政府给零售商的减排补贴应该小于在制造商占主导的博弈中零售商获得的政府减排补贴。证毕！

6.4　政府减排补贴行为和供应链上下游减排合作行为的博弈分析

根据命题 6.4~命题 6.7，易于判断，在政府提供减排补贴条件下，NE 博弈时企业利润最大；在政府不提供减排补贴情形下，集中决策均衡博弈时的企业利润最大，因此政府的补贴政策会影响供应链企业之间的博弈行为。如果政府提供减排补贴，则供应链双方的最优行动策略是采取 NE 博弈，而当政府不提供碳减排补贴时，集中决策均衡博弈将是供应链双方的最优行动策略选择。由命题 6.5 结合式（6.5）可知，在政府提供减排补贴时的政府收益函数和不提供减排补贴时的政府收益函数两种情形下，比较在两个 NE 中政府的支付函数可知，当政府不提供减排补贴而企业选择集中决策均衡博弈时的结果占优，因此这一均衡是唯一的子博弈精炼纳什均衡解，故政府的最优策略是不提供减排补贴。而在政府提供减排补贴而供应链企业选择 NE 博弈，说明存在以政府减排补贴替代减排的投入的情况，这种情况说明了政府的减排补贴出现了无效性，既没有对企业的减排研发起到激励作用，也没有对企业加大减排投入进行激励。

众所周知，供应链集中决策只是理想的情形，现实中的完全合作是很难达到的，反而是非合作的情形更具一般化，这主要是来自各方面的限制，包括管理、文化、信息、技术等限制因素。因此，对于政府而言，需要考虑减排补贴在何种情况下实施。政府可以通过促使供应链形成力量不对等的关系后再进行减排补贴，例如政府鼓励大型零售商的形成，诸如国内的国美、苏宁；国外的沃尔玛、家乐福等，这些零售商在整个供应链中居于主导地位，与供应商形成了主从关系。供应链形成了力量不对等关系后政府可以通过环境政策来实现供应链双方整体最优行动均衡的实现。

总之，在政府的减排政策和供应链合作行为同时存在的博弈中，供应链企业合作程度影响减排补贴的效果，从前面的分析可以看出，合作程度越密切，政府的减排补贴效果越好，而在集中决策的理想状态下，各级政府的最优策略是不实行减排补贴。

6.5 小 结

本章通过构建政府、制造商和零售商三者的减排合作与补贴博弈模型，分别在集中决策、纳什博弈和斯塔克尔伯格博弈关系下，分析了供需双方的最优减排成本投入、最大收益和供应链整体收益以及政府的最优减排补贴及其变化，阐述了作为环境规制制定者的政府如何通过碳减排补贴政策来调整供应链博弈结构和利益分配结构，从而激励企业从考虑降低碳排放来优化自身的成本和收益结构。研究结果表明，政府提供的减排补贴和企业的收益在集中决策均衡下最低，斯塔克尔伯格博弈下次之，纳什博弈下最高。一般地，斯塔克尔伯格博弈下，制造商和零售商的地位不同，获得的政府减排补贴也不同，跟随者将获得相对较多的减排补贴。在政府选择减排补贴策略和供应链企业自主选择博弈行为的条件下，政府的最优减排补贴策略是不实行补贴；因此作为政府，在制定减排策略时需要充分考虑企业的合作方式和整个社会福利水平，要根据供应链博弈结构来灵活运用减排补贴策略。为了使补贴能够更好地促进企业减排的投入，一方面政府需要促使低碳供应链中的成员加强减排研发合作；另一方面要考虑如何选择恰当的补贴对象，从而避免补贴的不经济现象出现，即政府选择合作程度较高的低碳供应链企业作为减排补贴的对象，可以有效防止减排补贴代替减排投入这一不经济现象的发生。

第 7 章　环境规制下考虑消费者低碳偏好的供应链企业合作减排决策机制研究

资源的过度使用迫使人类为进一步的扩大再生产付出了巨大的代价。最有效的解决方式就是将生产所造成的外部成本内部化，这种方式可以限制人类对环境的破坏并最终实现经济与环境的协调发展。欧盟于 2005 年制订的“排放交易方案”（Emissions-Trading Scheme，ETS）是碳交易机制的一种尝试。政府实施碳总量控制与排放交易迫使企业选择减排策略，而碳排放权交易的存在，改变了传统企业的成本结构和盈利模式。同时，减排投资决策需考虑减排成本、碳排放权交易后的收益及需求受减排因素影响所带来的收益增加三者之间的权衡。因此在碳排放约束下，研究供应链低碳化运营尤其是供应链低碳化契约设计是目前最重要的热点问题之一。

在考虑市场需求受产品碳排放因素影响的研究中，Wang 等（2011）认为，在进行低碳供应链的需求预测时，不仅要以价格作为标准进行判断，还要考虑到在供应链中每个环节的产品碳排放量的大小。对于碳排放权配额分配而言，大多数学者认为碳排放权分配方式主要有免费分配、公开拍卖和标价出售，而前两种方式最为常见。杜少甫等（2009）认为，企业获得的排放许可来源于三种方式：政府免费分配量，碳市场交易量和碳排放减少量。并且企业在作生成决策时会在三者之间权衡以寻求最优利润。本章在建立碳交易模型时也借鉴了上述三种排放权获得的方式，认为企业生产的所有碳排放权来源于政府分配、碳交易以及减排量三个方面。

在上述碳分配及交易背景下，许多学者讨论了碳政策对企业及供应链运营的影响。这些研究包括供应链企业联合生产中如何将碳排放量分配到生产流程的各个环节；基于政府环境规制对供应链低碳化决策行为的研究；针对供应链合作减排的研究例如考虑了企业减排投资过程中的技术合作问题，如何通过供应链企业合作降低成本及碳排放的问题等。可以看出，企业合作情况下能够促进减排并降低减排成本。本章将基于减排过程中的实际问题设计两种不同的契约形式并给出相应的结论。

7.1 问题描述及参数假设

本章考虑由上游减排供应商和下游零售商所组成的低碳供应链系统。在其他条件不变的情况下，供应商的减排会增加消费者对低碳产品的偏好，进而加大对低碳产品的需求。产品的低碳程度越高，消费者的需求越大；反之越小。不妨设低碳产品的需求 Q 为产品价格的减函数和减排程度的线性增函数，即为 $Q = N - b \cdot p + a \cdot \tau$。其中 N 为市场容量，p 为产品价格，并假设 p 在减排前后没有发生变化，τ 为表征减排程度高低的量，是供应商的决策变量，在本章将其命名为减排水平。

供应商需要一定的资金来实施减排，并且在减排后可到碳交易市场买或卖不足或多余的碳配额。因此，对于减排供应商来说，它的利润函数由三部分组成：产品的销售收入、碳减排投资成本、碳配额交易成本。同时，假设碳减排成本 $C(\tau)$ 为减排水平 τ 的二次函数，即随着减排水平的提高需要投入的成本会越来越多，即有 $C'(\tau)>0$，$C''(\tau)>0$ 的特性，设减排成本为 $C(\tau)=1/2\cdot m\cdot\tau^2$。因此，上游供应商的利润函数可表示为式（7.1）。其中，w、c 分别为单位产品的批发价格和生产成本，p_c 为碳交易价格。

$$\Pi_{s(e)}=\overbrace{(w-c)\cdot Q}^{\text{销售收入}}-\overbrace{\frac{1}{2}m\cdot\tau^2}^{\text{减排成本}}-\overbrace{E_{trading}\cdot p_c}^{\text{碳配交易额}} \tag{7.1}$$

假设供应商所生产的单位产品的初始碳排放量为 e_s，政府分配给单位产品的碳配额为 d_s。考虑到政府碳配额的初始分配以及在碳市场中的交易量，供应商所需的总的碳配额将来源于三种渠道：政府分配给所生产产品的初始碳配额 $d_s\cdot Q$（假设政府按照单位产品分配碳配额）、总的碳减排量 $\tau\cdot e_s\cdot Q$ 以及在碳交易市场的交易量 $E_{trading}$。同时，供应商最终的碳排放数量将不会超过总的碳配额。

为了寻求总利润的最大化，如果供应商实际的碳排放小于政府初始分配的碳配额，它将卖掉多余的量来获取利润；但如果生产所需的碳配额不够，它将会去碳市场购买所需的配额。因此，供应商将充分利用碳配额这种新型的资源。将上述三种渠道所获取碳配额加总可得到下式。

$$e_s\cdot Q=\overbrace{d_s\cdot Q}^{\text{政府分配量}}+\overbrace{\tau\cdot e_s\cdot Q}^{\text{减排量}}+\overbrace{E_{trading}}^{\text{碳交易量}}$$

上式经变换，可得碳配额交易量如式（7.2）所示：

$$E_{trading}=e_s\cdot Q-d_s\cdot Q-\tau\cdot e_s\cdot Q \tag{7.2}$$

将式（7.2）代入式（7.1），可得：

$$\Pi_{s(e)}(\tau)=[w-c-(e_s-d_s)\cdot p_c+e_s\cdot p_c\cdot\tau]\cdot Q-\frac{1}{2}m\cdot\tau^2$$

为了简化下面的计算过程，可令 $Y=e_s\cdot p_c$，$\Psi=(e_s-d_s)\cdot p_c$，因此供应商的利润函数改为式（7.3）。

$$\Pi_{s(e)}(\tau)=[w-(c+\Psi)+Y\cdot\tau]\cdot(N-b\cdot p+a\cdot\tau)-\frac{1}{2}m\cdot\tau^2 \tag{7.3}$$

由于零售商不存在减排的问题，因此它的利润函数为：

$$\prod_{r(e)} = (p - w) \cdot Q = (p - w) \cdot (N - b \cdot p + a \cdot \tau) \tag{7.4}$$

对于零售商来说，产品的价格是常量，其利润的大小主要取决于上游供应商的减排水平 τ。减排水平越高，零售商的利润越多，即零售商利润函数是产品减排水平的单调递增函数。因此，当零售商不向供应商提供任何契约时，可以得到能使供应商取得最大利润的最优减排水平 τ^*。求供应商利润函数对减排水平的一阶导数，得到 $d\prod_{s(e)}(\tau)/d\tau - Y \cdot (N - b \cdot p + a \cdot \tau) + a \cdot [w - (c + \Psi) + Y \cdot \tau] - m \cdot \tau$，令其二阶导数 $d^2\prod_{s(e)}(\tau)/d\tau^2 = 2a \cdot Y - m < 0$，因此，当满足条件 $m > 2a \cdot Y$ 时，得到供应商决策的最优减排水平为：

$$\tau^* = \frac{Y \cdot (N - b \cdot p) + a \cdot [w - (c + \Psi)]}{m - 2a \cdot Y} \tag{7.5}$$

将式（7.5）分别代入零售商和供应商的利润函数中，可得：

$$\prod^*_{r(e)}(\tau^*) = (p - w) \cdot \left\{ \frac{(N - b \cdot p) \cdot (m - a \cdot Y) + a^2 \cdot [w - (c + \Psi)]}{m - 2a \cdot Y} \right\} \tag{7.6}$$

$$\prod^*_{s(e)}(\tau^*) = \frac{Y^2(N - bp)^2 + a^2[w - (c + \Psi)]^2 + 2(m - aY)(N - bp)[w - (c + \Psi)]}{2(m - 2a \cdot Y)} \tag{7.7}$$

单从零售商的利润函数来看，假若上游供应商不减排，则它的利润为 $\prod_r = (p - w) \cdot (N - b \cdot p)$，而供应商减排后，其利润的增量为 $\Delta\prod_r = (p - w) \cdot a \cdot \tau = (p - w) \cdot \frac{a \cdot Y \cdot (N - b \cdot p) + a^2 \cdot [w - (c + \Psi)]}{m - 2a \cdot Y}$。不难看出，在其他条件不变的前提下，零售商的利润函数是减排水平的单增函数，即随着供应商减排水平的提高，零售商的利润将会增大。因此，零售商为了获得更多的利润可以设计某种契约以激励供应商进一步提高减排投资额，以使最终双方的利润均在原有基础上有所增加。

7.2　模型建立及求解分析

本章考虑主导零售商为了进一步提高由于减排而增加的利润值可以向供应商提供两种契约。其一就是将减排后所增加的利润部分分给供应商，自己享有剩下的部分利润；其二是在减排前分担供应商的减排成本，成本的分担会促进供应商减排的积极性，进而提高减排水平。

7.2.1　分享减排所增利润契约

此时零售商将低碳产品需求增加部分所获得的增值利润按 $1-\varphi$ 的百分比分给上游的减排供应商，用以促使其加大减排投资，进而提高销售收入，而自己只获得增值利润 φ 的部分。那么，在这种契约形式下零售商和供应商的利润函数分别为：

$$\Pi_{r(e)}(\varphi)=(p-w)\cdot(N-b\cdot p+\varphi\cdot a\cdot\tau) \tag{7.8}$$

$$\Pi_{s(e)}(\tau,\ \varphi)=[w-(c+\Psi)+\Upsilon\tau](N-bp+a\tau)-\frac{1}{2}m\tau^2+(1-\varphi)(p-w)a\tau \tag{7.9}$$

考虑到供应链系统中，零售商首先提出契约，决定增值利润的分享比例 φ，然后供应商再根据利润分享比例的大小决策所生产产品的减排水平 τ。根据逆向归纳求解法，求供应商利润函数对减排水平的一阶导数，可得：

$d\Pi_{s(e)}(\tau,\ \varphi)/d\tau=\Upsilon\cdot(N-b\cdot p+a\cdot\tau)+a\cdot[w-(c+\Psi)+\Upsilon\cdot\tau]-m\cdot\tau+(1-\varphi)\cdot(p-w)\cdot a$，由于其二阶导数为 $d^2\Pi_{s(e)}(\tau,\ \varphi)/d\tau^2=2a\cdot\Upsilon-m<0$，因此存在 τ^* 使 $\Pi_{s(e)}(\tau)$ 达到局部最优。令 $d\Pi_{s(e)}(\tau,\ \varphi)/d\tau=0$，求得：

$$\tau^*(\varphi)=\tau^*+a\cdot(p-w)\cdot(1-\varphi)/(m-2a\cdot Y) \tag{7.10}$$

从式（7.9）可以看出：相比较零售商不提供任何契约时，实行分享减排所增利润契约后供应商的最优减排水平将会提高 $\Delta\tau=a\cdot(p-w)\cdot(1-\varphi)/(m-2a\cdot Y)$，并且 $d\tau^*(\varphi)/d\varphi=-a\cdot(p-w)/(m-2a\cdot Y)<0$，即随着分享比例的增加，供应商的最优减排水平逐渐减少。这主要是因为零售商给自己的利润分成越多，那么给供应商的利润分成也就越少，供应商的减排动机自然也会减弱。

将式（7.10）代入式（7.8）中，可得零售商的利润函数为：

$$\prod_{r(e)}(\varphi)=(p-w)\cdot\left\{N-b\cdot p+\frac{\varphi\cdot a\cdot Y\cdot(N-b\cdot p)+\varphi\cdot a^2\cdot[w-(c+\Psi)+\varphi\cdot a^2\cdot(1-\varphi)\cdot(p-w)]}{m-2a\cdot Y}\right\},$$

求上式对分享比例φ 的一阶导数可得：

$\dfrac{d\prod_{r(e)}(\varphi)}{d\varphi}=\dfrac{(p-w)}{m-2a\cdot Y}\cdot[a\cdot Y\cdot(N-b\cdot p)+a^2\cdot[w-(c+\Psi)]+a^2\cdot(p-w)\cdot(1-2\varphi)]$，由于 $d^2\prod_{r(e)}(\varphi)/d\varphi^2=-2a^2\cdot(p-w)^2/(m-2a\cdot Y)<0$，因此存在 φ^* 使零售商的利润函数 $\prod_{r(e)}(\varphi)$ 达到局部最优。令 $d\prod_{r(e)}(\varphi)/d\varphi=0$，可得：

$$\varphi^*=\frac{Y\cdot(N-b\cdot p)+a\cdot[p-(c+\Psi)]}{2a\cdot(p-w)} \tag{7.11}$$

由于分享比例满足 $0<\varphi^*<1$ 的条件，因此根据式（7.11）应该有 $Y\cdot(N-b\cdot p)+a\cdot[w-(c+\Psi)]<a\cdot(p-w)$。

将式（7.11）代入式（7.10）可得最优减排水平为：

$$\tau^*_{\varphi}=\tau^*+\frac{a\cdot(p-w)-Y\cdot(N-b\cdot p)-a\cdot[w-(c+\Psi)]}{2(m-2a\cdot Y)} \tag{7.12}$$

又因为在分享前的最优减排水平为 $\tau^*=\dfrac{Y\cdot(N-b\cdot p)+a\cdot[w-(c+\Psi)]}{m-2a\cdot Y}$，因此，比较分享前后供应商的减排水平可得其关系如式（7.13）所示：

$$\tau^*_{\varphi}=\tau^*/2+1/2\cdot a\cdot(p-w)/(m-2a\cdot Y) \tag{7.13}$$

由于前面所得当 $0 < \varphi^* < 1$ 时，有 $\Upsilon \cdot (N - b \cdot p) + a \cdot [w - (c + \Psi)] < a \cdot (p - w)$，因此有 $\tau^* < a \cdot (p - w)/(m - 2a \cdot \Upsilon)$，即 $\tau_\varphi^* > \tau^*$。这说明：当零售商为减排供应商分享减排所得利润后，有利于供应商进一步加大减排投资，所得到的减排水平高于不分享时的减排水平。

结论 7.1　零售商向供应商提供分享减排所增利润契约后，供应商的最优减排水平将会提高，其增量大小为 $\frac{a \cdot (p - w) - \Upsilon \cdot (N - b \cdot p) - a \cdot [w - (c + \Psi)]}{2(m - 2a \cdot \Upsilon)}$，并且最优减排水平与分享比例 φ 呈负相关，其相关比例为 $-a \cdot (p - w)/(m - 2a \cdot \Upsilon)$。

7.2.2　分担减排投资成本契约

该契约下，零售商分担供应商的部分减排成本。假设零售商分担供应商减排成本的百分比为 λ，那么供应商只承担 $1 - \lambda$ 的减排成本，因此零供两主体的利润函数分别为：

$$\Pi_{r(e)}(\lambda) = (p - w) \cdot (N - b \cdot p + a \cdot \tau) - \frac{1}{2} \lambda \cdot m \cdot \tau^2 \tag{7.14}$$

$$\Pi_{s(e)}(\tau, \lambda) = [w - (c + \Psi) + \Upsilon \cdot \tau] \cdot (N - b \cdot p + a \cdot \tau) - (1 - \lambda) \cdot m \cdot \tau^2/2 \tag{7.15}$$

同样，零售商首先决策承担供应商减排成本的比例 λ，而后供应商再根据这一比例决策自己的减排水平 τ。根据逆向求解法，求供应商利润函数对减排水平 τ 的一阶导数为：

$d\Pi_{s(e)}(\tau, \lambda)/d\tau = \Upsilon \cdot (N - b \cdot p + a \cdot \tau) + a \cdot [w - (c + \Psi) + \Upsilon \cdot \tau] - (1 - \lambda) \cdot m \cdot \tau$，由于 $d^2\Pi_{s(e)}(\tau, \lambda)/d\tau^2 = 2a \cdot \Upsilon - (1 - \lambda) \cdot m < 0$，因此存在最优 $\tau(\lambda)^*$ 使供应商的利润达到局部最优值。可令 $d\Pi_{s(e)}(\tau, \lambda)/d\tau = 0$，解得：

$$\tau(\lambda)^* = \frac{\Upsilon \cdot (N - b \cdot p) + a \cdot [w - (c + \Psi)]}{(1 - \lambda) \cdot m - 2a \cdot \Upsilon} \tag{7.16}$$

且 $d\tau(\lambda)^*/d\lambda = m\cdot\{\Upsilon\cdot(N-b\cdot p)+a\cdot[w-(c+\Psi)]\}/[(1-\lambda)\cdot m-2a\cdot\Upsilon]^2>0$，即随着零售商分担减排成本比例的增加，供应商最优减排水平也在提高。这主要是由于零售商承担的减排成本越高，供应商的减排成本就越低，减排动机也就自然提高了。

将式（7.16）代入零售商的利润函数中可得：

$$\prod\nolimits_{r(e)}(\lambda)=(p-w)\cdot[N-b\cdot p+a\cdot\tau^*(\lambda)]-\frac{1}{2}\lambda\cdot m\cdot[\tau^*(\lambda)]^2$$

求上式对分担比例 λ 的一阶导数得到：

$$\begin{aligned}\frac{d\prod\nolimits_{r(e)}(\lambda)}{d\lambda}=&a\cdot(p-w)\cdot\frac{\{\Upsilon\cdot(N-b\cdot p)+a\cdot[w-(c+\Psi)]\}\cdot m}{[(1-\lambda)\cdot m-2a\cdot\Upsilon]^2}-\\&m\cdot\frac{\{\Upsilon\cdot(N-b\cdot p)+a\cdot[w-(c+\Psi)]\}^2}{2\cdot[(1-\lambda)\cdot m-2a\cdot\Upsilon]^2}-\lambda\cdot m\cdot\\&\frac{\Upsilon\cdot(N-b\cdot p)+a\cdot[w-(c+\Psi)]}{(1-\lambda)\cdot m-2a\cdot\Upsilon}\cdot\\&\frac{\{\Upsilon\cdot(N-b\cdot p)+a\cdot[w-(c+\Psi)]\}\cdot m}{[(1-\lambda)\cdot m-2a\cdot\Upsilon]^2}\end{aligned}$$

由于其二阶导数满足 $d^2\prod_{r(e)}(\lambda)/d\lambda^2<0$，因此存在 λ^* 使零售商的利润函数达到局部最优。可令 $d\prod_{r(e)}(\lambda)/d\lambda=0$，得到 λ。经计算解得：

$$\frac{2a\cdot(p-w)-\{\Upsilon\cdot(N-b\cdot p)+a\cdot[w-(c+\Psi)]\}}{2m\cdot\{\Upsilon\cdot(N-b\cdot p)+a\cdot[w-(c+\Psi)]\}}=\frac{\lambda}{(1-\lambda)\cdot m-2a\cdot\Upsilon}$$

故：

$$\lambda^*=\frac{(m-2a\cdot\Upsilon)}{m}\cdot\frac{2a(p-w)-\{\Upsilon\cdot(N-b\cdot p)+a\cdot[w-(c+\Psi)]\}}{2a(p-w)+\{\Upsilon\cdot(N-b\cdot p)+a\cdot[w-(c+\Psi)]\}}\tag{7.17}$$

从式（7.17）可以看出：由于 $m-2a\cdot\Upsilon<m$ 且 $2a\cdot(p-w)-\{\Upsilon\cdot(N-b\cdot p)+a\cdot[w-(c+\Psi)]\}<2a\cdot(p-w)+\{\Upsilon\cdot(N-b\cdot p)+a\cdot[w-(c+\Psi)]\}$，因此最优分担比例 λ^* 满足 $0<\lambda^*<1$。

将最优分担比例 λ^* 代入式（7.16）中，得到在分担减排投资成本契

约下供应商的最优减排水平为：

$$\tau_{\lambda}^{*}=\frac{2a\cdot(p-w)+\Upsilon\cdot(N-b\cdot p)+a\cdot[w-(c+\Psi)]}{2(m-2a\cdot\Upsilon)} \tag{7.18}$$

比较分担前的减排水平可以看出：

$$\tau_{\lambda}^{*}=\tau^{*}+\frac{2a\cdot(p-w)-\Upsilon\cdot(N-b\cdot p)-a\cdot[w-(c+\Psi)]}{2(m-2a\cdot\Upsilon)}$$

由于 $a\cdot(p-w)>\Upsilon\cdot(N-b\cdot p)+a\cdot[w-(c+\Psi)]$，

因此 $\frac{2a\cdot(p-w)-\Upsilon\cdot(N-b\cdot p)-a\cdot[w-(c+\Psi)]}{2(m-2a\cdot\Upsilon)}>0$。

结论 7.2　零售商向供应商提供分担减排投资成本契约后，供应商的最优减排水平也将提高，其增量大小为 $\frac{2a\cdot(p-w)-\Upsilon\cdot(N-b\cdot p)-a\cdot[w-(c+\Psi)]}{2(m-2a\cdot\Upsilon)}$，最优减排水平与分享比例 λ 呈负相关，且其相关比例大于 $\frac{\{\Upsilon\cdot(N-b\cdot p)+a\cdot[w-(c+\Psi)]\}\cdot m}{(m-2a\cdot\Upsilon)^{2}}$。

推论：由结论 7.1 及结论 7.2 可以推论出：两种契约中，分担减排成本契约能够使供应商的减排更加彻底，得到的减排水平要大于分享利润契约下的减排水平，两者差值大小为 $\tau_{\lambda}^{*}-\tau_{\varphi}^{*}=\frac{a\cdot(p-w)}{2(m-2a\cdot\Upsilon)}$。

下面来看两种契约下最优分成比例之间的关系。根据前面得到的分享减排所增利润契约下求得的最优分享比例为 $\varphi^{*}=\frac{\Upsilon\cdot(N-b\cdot p)+a\cdot[p-(c+\Psi)]}{2a\cdot(p-w)}$，将其代入式（7.17）可得关系式：

$$\frac{1}{\varphi^{*}+\frac{1}{2}}=\frac{2am(p-w)(m-2a\Upsilon)\{2a(p-w)-\{\Upsilon(N-b\cdot p)+a[w-(c+\Psi)]\}\}}{\lambda^{*}}$$。

令 $\Theta=2a\cdot m\cdot(p-w)\cdot(m-2a\cdot\Upsilon)\cdot\{2a\cdot(p-w)-\{\Upsilon\cdot(N-b\cdot p)+a\cdot[w-(c+\Psi)]\}\}$，则可得到两种契约分成比例之间的关系如式（7.19）所示。

$$\lambda^* = \Theta\cdot(\varphi^* + 1/2) \tag{7.19}$$

由于前面所得 $a\cdot(p-w)-\{\Upsilon\cdot(N-b\cdot p)+a\cdot[w-(c+\Psi)]\}>0$，且 $p>w$，因此得到 $2a\cdot(p-w)-\{\Upsilon\cdot(N-b\cdot p)+a\cdot[w-(c+\Psi)]\}>0$，即 $\Theta>0$。

从式（7.19）可以看出：若 $\varphi^*=0$，则会得到 $\lambda^*>\varphi^*$；若 $\varphi^*=0.5$，那么只要 $\Theta>0.5$ 就会得到 $\lambda^*>\varphi^*$；若 $\varphi^*=1$，那么只要 $\Theta<2/3$ 就会得到 $\varphi^*>\lambda^*$。这说明当 $0.5<\Theta<2/3$ 时，两种契约的最优分成比例的大小关系将会发生颠倒。

因此若要使等式 $\lambda^*-\varphi^*=(\Theta-1)\cdot\varphi^*+\Theta/2>0$ 成立，则要求下列不等式成立。即 $(\Theta-1)\cdot\dfrac{\Upsilon\cdot(N-b\cdot p)+a\cdot[p-(c+\Psi)]}{2a\cdot(p-w)}+\dfrac{\Theta}{2}>0$

将函数 Θ 还原可得下式。

$$\begin{aligned}&2a\cdot m\cdot(p-w)\cdot(m-2a\cdot\Upsilon)\cdot\{\Upsilon\cdot(N-b\cdot p)+a\cdot[p-(c+\Psi)]+\\&\quad a\cdot(p-w)\}\cdot\{2a(p-w)-\{\Upsilon\cdot(N-b\cdot p)+a\cdot[w-(c+\Psi)]\}\}>\\&\quad \Upsilon\cdot(N-b\cdot p)+a\cdot[p-(c+\Psi)]\end{aligned}$$

这也就是说：若上式成立，则 $\lambda^*>\varphi^*$；反之，$\lambda^*<\varphi^*$。结合零售商分担减排成本的最优分担比例值 λ^*，可以得出：

$$\lambda^*>\frac{\Upsilon\cdot(N-b\cdot p)+a\cdot[p-(c+\Psi)]}{2a\cdot m^2\cdot(p-w)\cdot\{\Upsilon\cdot(N-b\cdot p)+a\cdot[p-(c+\Psi)]+a\cdot(p-w)\}^2},$$

该式中若令 $\Omega=\Upsilon\cdot(N-b\cdot p)+a\cdot[p-(c+\Psi)]$，$\Xi=a\cdot(p-w)$，则：

$$\lambda^*>\frac{\Omega}{2m^2\cdot\Xi\cdot(\Omega+\Xi)^2} \tag{7.20}$$

因此由式（7.20）可以得到：若满足 $\lambda^*>\dfrac{\Omega}{2m^2\cdot\Xi\cdot(\Omega+\Xi)^2}$，则 $\lambda^*>\varphi^*$；反之，若满足 $\lambda^*<\dfrac{\Omega}{2m^2\cdot\Xi\cdot(\Omega+\Xi)^2}$，则 $\lambda^*<\varphi^*$。这也就是说 $\dfrac{\Omega}{2m^2\cdot\Xi\cdot(\Omega+\Xi)^2}$ 是判断两种契约最优分成比例的唯一条件。由此可得

结论 7.3。

结论 7.3　当满足 $\lambda^* > \frac{\Omega}{2m^2 \cdot \Xi \cdot (\Omega + \Xi)^2}$ 的条件时，分担减排成本所得的最优分担比例会大于分享减排所增加利润的最优分享比例；当满足 $\lambda^* < \frac{\Omega}{2m^2 \cdot \Xi \cdot (\Omega + \Xi)^2}$ 的条件时，分担减排成本所得的最优分担比例会小于分享减排所增加利润的最优分享比例。其中 $\Omega = Y \cdot (N - b \cdot p) + a \cdot [p - (c + \Psi)]$，$\Xi = a \cdot (p - w)$。

7.2.3　各主体利润值的分析与比较

下面考虑在两种契约下零供两主体的最优利润值。

在分享减排所增利润契约下，将最优值（τ_φ^*，φ^*）代入式（7.8），可得零售商最优利润为：

$$\Pi_{r(e)}^*(\tau_\varphi^*, \varphi^*) = (p - w) \cdot (N - b \cdot p) + \frac{\{Y \cdot (N - b \cdot p) + a \cdot [p - (c + \Psi)]\}^2}{4(m - 2a \cdot Y)} \tag{7.21}$$

比较没有分享机制时零售商的利润值为 $\Pi_{r(e)}^*(\tau^*) = (p - w) \cdot (N - b \cdot p) + \frac{a \cdot (p - w) \cdot \{Y \cdot (N - b \cdot p) + a \cdot [w - (c + \Psi)]\}}{m - 2a \cdot Y}$，经简单计算，可以得到利润分享前后零售商的利润差值为：

$$\Delta\Pi_{r(e)}^*(\tau_\varphi^*, \varphi^*) = \frac{\{Y \cdot (N - b \cdot p) + a \cdot [p - (c + \Psi)]\}^2 - 4a \cdot (p - w)\{Y \cdot (N - b \cdot p) + a \cdot [w - (c + \Psi)]\}}{4(m - 2a \cdot Y)},$$

由于 $Y \cdot (N - b \cdot p) + a \cdot [w - (c + \Psi)] < a \cdot (p - w)$，因此可以得到：

$$\Delta\Pi_{r(e)}^*(\tau_\varphi^*, \varphi^*) > \frac{\{Y \cdot (N - b \cdot p) + a \cdot [p - (c + \Psi)]\}^2 - 4a^2 \cdot (p - w)^2}{4(m - 2a \cdot Y)}$$

$$= \frac{\{Y \cdot (N - b \cdot p) + a \cdot [p - (c + \Psi)] + 2a \cdot (p - w)\} \cdot \{Y \cdot (N - b \cdot p) + a \cdot [w - (c + \Psi)] - a \cdot (p - w)\}}{4(m - 2a \cdot Y)}$$

式中，由于 $Y \cdot (N - b \cdot p) + a \cdot [w - (c + \Psi)] < a \cdot (p - w)$，因此通过

解析式并不能判断 $\Delta\Pi^*_{r(e)}(\tau^*_\varphi, \varphi^*)$ 的正负。这说明零售商向供应商实行利润分享契约后，其自身的利润有可能会增加也有可能会减少。

将最优值 $(\tau^*_\varphi, \varphi^*)$ 代入式（7.9），并经化简最终可以得到供应商的最优利润如式（7.22）所示。

$$\Pi^*_{s(e)}(\tau^*_\varphi, \varphi^*) = \frac{(2m - 3aY)}{2(m - 2aY)}(N - b\cdot p)[w - (c + \Psi)] + \frac{\{Y(N - bp) - a[p - (c + \Psi)]\}^2}{8(m - 2aY)} \tag{7.22}$$

比较利润分享前后供应商的最优利润值，可以得到它们之间的差值为：

$$\Delta\Pi^*_{s(e)}(\tau^*_\varphi, \varphi^*) = \frac{\{Y(N-bp)-a[p-(c+\Psi)]\}^2 - 4\{Y(N-bp)+a[w-(c+\Psi)]\}^2 - 4aY(N-bp)[w-(c+\Psi)]}{8(m-2aY)} \tag{7.23}$$

由于前面已经得到在利润分享后，零售商的最优利润可能会增加，也可能会减少。因此当满足 $4\{Y(N - bp) + a[w - (c + \Psi)]\}^2 - \{[Y(N - bp) + a[p - (c + \Psi)]\}^2 > 0$ 时，将上式代入式（7.23）可得：

$$\Delta\Pi^*_{s(e)}(\tau^*_\varphi, \varphi^*) < \frac{-4a\cdot Y\cdot(N - b\cdot p)\cdot\{[p - (c + \Psi)] + [w - (c + \Psi)]\}}{8(m - 2a\cdot Y)} < 0$$

这说明，假若零售商在实行利润分享契约后最优利润值有所减少，那么供应商在该契约下的最优利润值也会减少。

而当满足 $4\{Y\cdot(N - b\cdot p) + a\cdot[w - (c + \Psi)]\}^2 - \{Y\cdot(N - b\cdot p) + a\cdot[p - (c + \Psi)]\}^2 < 0$ 时，不能通过解析式判断供应商利润值的增加或减少。这也就是说，假若零售商在实行利润分享契约后最优利润值有所增加，那么供应商在该契约下的最优利润值可能会增加也可能会减少。

结论 7.4 在分享减排所增利润契约下，假如零售商的利润值降低了，那么供应商的利润值一定也是降低的；而假如零售商的利润值提高了，那么供应商的利润可不一定就会提高。

下面来看减排成本分担情况下零供主体的利润。首先，为了计算简

便，令 $\Lambda = \Upsilon\cdot(N-b\cdot p)+a\cdot[w-(c+\Psi)]$，由于前面已设 $\Xi = a\cdot(p-w)$，则式（7.17）可化为式（7.24）。

$$\lambda^* = \frac{(m-2a\cdot\Upsilon)}{m}\cdot\frac{2\Xi-\Lambda}{2\Xi+\Lambda} \tag{7.24}$$

同样，式（7.18）可表示为：

$$\tau_\lambda^* = \frac{2\Xi+\Lambda}{2(m-2a\cdot\Upsilon)} \tag{7.25}$$

将式（7.24）、式（7.25）代入式（7.14）和式（7.15）中，可得在成本分担情况下供应商和零售商的利润分别为：

$$\prod\nolimits_{r(e)}^*(\tau_\lambda^*,\ \lambda^*) = \frac{\Xi}{a}\cdot(N-b\cdot p)+\frac{(2\Xi+\Lambda)^2}{8(m-2a\cdot\Upsilon)}\text{和}$$

$$\prod\nolimits_{s(e)}^*(\tau_\lambda^*,\ \lambda^*) = \frac{\Lambda-\Upsilon\cdot(N-b\cdot p)}{a}\cdot(N-b\cdot p)+\frac{\Lambda\cdot(2\Xi+\Lambda)}{4(m-2a\cdot\Upsilon)}$$

还原 Ξ，Λ，得到供应商和零售商的利润值分别如式（7.26）和式（7.27）所示：

$$\prod\nolimits_{r(e)}^*(\tau_\lambda^*,\ \lambda^*) = (p-w)\cdot(N-b\cdot p)+\frac{\{a\cdot(p-w)+\Upsilon\cdot(N-b\cdot p)+a\cdot[p-(c+\Psi)]\}^2}{8(m-2a\cdot\Upsilon)} \tag{7.26}$$

$$\prod\nolimits_{s(e)}^*(\tau_\lambda^*,\ \lambda^*) = [w-(c+\Psi)]\cdot(N-b\cdot p)+\frac{\{\Upsilon\cdot(N-b\cdot p)+a\cdot[w-(c+\Psi)]\}\cdot\{a\cdot(p-w)+\Upsilon\cdot(N-b\cdot p)+a\cdot[p-(c+\Psi)]\}}{4(m-2a\cdot\Upsilon)} \tag{7.27}$$

比较在实施分担成本契约前零售商的利润可以看出：

$\Delta\prod\nolimits_{r(e)}^*(\tau_\lambda^*,\ \lambda^*) = \dfrac{(\Xi-\Omega)^2-4\Xi\cdot\Lambda+2\Xi\cdot(\Omega-\Lambda)}{8(m-2a\cdot\Upsilon)}$由于 $(\Xi-\Omega)^2-4\Xi\cdot\Lambda+2\Xi\cdot(\Omega-\Lambda)=(\Omega-\Xi)\cdot(\Omega+\Xi)-4\Xi\cdot\Lambda+2\Xi\cdot(\Omega-\Lambda)>4\Xi\cdot(\Omega+\Xi)-4\Xi\cdot\Lambda=4\Xi\cdot(\Omega+\Xi-\Lambda)>4\Xi\cdot\Omega>0$，因此说明实行减排成

本分担契约后，零售商的利润将会有所增加。

同理，比较实施分担成本契约前供应商的利润可以看出：

$$\Delta\prod^{*}_{s(e)}(\tau^{*}_{\lambda}, \lambda^{*}) = \frac{\Lambda\cdot(\Xi+\Omega)-2(\Lambda)^2+4a\cdot\Upsilon\cdot(N-b\cdot p)\cdot[w-(c+\Psi)]}{4(m-2a-\Upsilon)},$$

由于 $\Xi>\Lambda$ 且 $\Omega>\Lambda$，因此有 $\Lambda\cdot(\Xi+\Omega)>\Lambda\cdot2\Lambda=2\Lambda^2$，即 $\Delta\prod^{*}_{s(e)}(\tau^{*}_{\lambda}, \lambda^{*})=\prod^{*}_{s(e)}(\tau^{*}_{\lambda}, \lambda^{*})-\prod^{*}_{s(e)}(\tau^{*})>0$。这也就是说，实行减排成本分担契约后，供应商的利润也会有所增加。

结论 7.5 在分担减排投资成本契约下，供应商和零售商的利润值均会有所提高，其中零售商利润提高值大于 $\frac{a\cdot(p-w)\cdot\{\Upsilon\cdot(N-b\cdot p)+a\cdot[p-(c+\Psi)]\}}{2(m-2a\cdot\Upsilon)}$；供应商利润提高值大于 $\frac{a\cdot\Upsilon\cdot(N-b\cdot p)\cdot[w-(c+\Psi)]\}}{m-2a\cdot\Upsilon}$。

下面再比较两种契约下各主体的利润情况。首先看零售商的利润函数，由于前面已设 $\Omega=\Upsilon\cdot(N-b\cdot p)+a\cdot[p-(c+\Psi)]$，因此在分享减排增值利润及分担减排投资成本契约下零售商的利润函数可分别表示为：

$\prod^{*}_{r(e)}(\tau^{*}_{\varphi}, \varphi^{*})=(p-w)\cdot(N-b\cdot p)+\frac{\Omega^2}{4(m-2a\cdot\Upsilon)}$，$\prod^{*}_{r(e)}(\tau^{*}_{\lambda}, \lambda^{*})=(p-w)\cdot(N-b\cdot p)+\frac{(2\Xi+\Omega)^2}{8(m-2a\cdot\Upsilon)}$，则比较二者可以看出：$\Delta\prod^{*}_{r(e),\varphi^{*}-\lambda^{*}}=\frac{\Omega^2-\frac{4\Xi^2}{4}-2\Xi\cdot\Omega}{8(m-2a\cdot\Upsilon)}$，因此当 $(\Omega+\Xi)\cdot(\Omega-\Xi)>2\Xi\cdot\Omega$，即当 $(\Omega+\Xi)\cdot\Lambda>2\Xi\cdot\Omega$ 时，基于增值利润分享契约下零售商的利润要大于基于成本分担契约下零售商的利润。又因为前面给出的关于增值利润分享比例 λ 范围所满足的条件为：当 $\Lambda<\Xi$ 时，λ 才有意义。因此只有满足 $\Xi>>\Omega$ 时，即当满足条件 $a\cdot(p-w)>>\Upsilon\cdot(N-b\cdot p)+a\cdot[p-(c+\Psi)]$ 时，基于增值利润分享契约下零售商的利润大于基于成本分担契约下零售商的

利润；反之当不满足条件 $a\cdot(p-w) >> \Upsilon\cdot(N-b\cdot p)+a\cdot[p-(c+\Psi)]$ 时，基于增值利润分享契约下零售商的利润小于基于成本分担契约下零售商的利润。

而对于两种契约条件下供应商的利润函数来说，由于 $\frac{(2m-3a\cdot\Upsilon)}{2(m-2a\cdot\Upsilon)}\cdot(N-b\cdot p)\cdot[w-(c+\Psi)] > (N-b\cdot p)\cdot[w-(c+\Psi)]$，而

$$\frac{\{\Upsilon\cdot(N-b\cdot p)-a\cdot[p-(c+\Psi)]\}^2}{8(m-2a\cdot\Upsilon)} <$$

$$\frac{\{\Upsilon\cdot(N-b\cdot p)+a\cdot[w-(c+\Psi)]\}\cdot\{a\cdot(p-w)+\Upsilon\cdot(N-b\cdot p)+a\cdot[p-(c+\Psi)]\}}{4(m-2a\cdot\Upsilon)},$$

通过解析式不易比较出两者利润大小的关系式，因此本章将采取数值分析法来比较两种契约下供应商利润函数值的大小。

结论 7-6　比较两种不同契约下零供两主体的利润函数可以得到，当满足条件 $a\cdot(p-w) >> \Upsilon\cdot(N-b\cdot p)+a\cdot[p-(c+\Psi)]$ 时，基于增值利润分享契约下零售商的利润大于基于成本分担契约下零售商的利润，反之小于；而对于供应商来说，如果在减排增值利润分享契约下它的利润是减少的，那么减排成本分担契约能够使供应商的利润值增加，如果在减排增值利润分享契约下它的利润是增加的，那么两种契约下供应商利润值的大小要依据具体的参数来判断。

7.3　算例分析

为了能够说明上述问题及其结论并且能够使得计算过程简便，验证过程假设供应商所生产低碳产品的市场容量为 $N=250$，供应商给零售商的产品批发价格为 $w-20$，该产品的零售价格为 $p=100$，产品需求对价

格的敏感系数为 $b = 2$，供应商减排的努力程度系数为 $m = 100$，需求对减排水平的敏感系数为 $a = 1$，单位产品的生产成本为 $c = 15$，单位产品的碳排放量为 $e_s = 0.1$，政府规制下限定的单位产品的排放上限为 $d_s = 0.05$，当时的碳交易价格为 $p_c = 10$。首先通过设定不同的低碳产品的零售价格 p，来观察在两种不同契约下零售价格 p 是如何影响零供两主体利润值的。

从表 7.1 可以看出：当选取低碳产品的零售价格 $p \in [92, 120]$ 时，无论是分享利润契约还是分担成本契约，均可提高供应商的减排水平，但是在分担成本契约下，供应商的减排水平更高，从而验证了 7.2.2 中推论所得结论。在分享利润契约下，零售商利润较不提供契约时会有所提高，但是供应商的利润值会出现在产品零售价格较低时减少而在产品零售价格较高时增加的现象；而在分担成本契约下，零供两主体利润均会提高，从而验证了 7.2.3 中的结论 7.4 和结论 7.5。并且，无论是哪种契约，零售商不提供契约时的利润差均随产品零售价格的提高而增加，而供应商在分担成本契约下获得的利润增量在零售价格区间内存在峰值。下面再来看最优值随价格敏感系数 b 的变化关系。

选取需求价格敏感系数 $b \in [1.95, 2.30]$，由于价格敏感系数 b 与产品的零售价格 p 类似，因此对价格敏感系数 b 分析的结论也与对零售价格 p 分析的结论相似。只是供应商在分担成本契约下获得的利润增量随着价格敏感系数 b 的提高而减少。

选取碳交易价格的变化范围为 $p_c \in [5, 15]$。从表 7.3 可以看出：无论是哪种契约，最优减排水平均会提高，并且在分担成本契约下得到的减排水平更高。但与产品零售价格不同的是，减排水平随着碳交易价格的提高而变大，这主要是由于市场的碳交易价格变高，使供应商放弃从碳市场购买所需的碳配额，而是考虑加大减排投资力度，从而使减排水平变大。并且，在两种契约下，零售商的利润均会变大，但零售商更倾

表 7.1　两主体最优值及最优利润随低碳产品零售价格 p 的变化关系

序号	碳价格 p_c	分享比例 φ^*	减排水平 τ^*	减排水平 τ_φ^*	零售商利润差	供应商利润差	序号	碳价格 p_c	分担比例 λ^*	减排水平 τ^*	减排水平 τ_λ^*	零售商利润差	供应商利润差
1	92	0.99	0.72	0.73	0.01	-20.67	1	92	0.38	0.72	1.17	6.62	15.85
2	94	0.95	0.68	0.72	0.14	-17.94	2	94	0.41	0.68	1.17	8.16	16.47
3	96	0.91	0.64	0.71	0.46	-15.29	3	96	0.45	0.64	1.18	9.86	16.92
4	98	0.88	0.60	0.70	0.97	-12.71	4	98	0.49	0.60	1.19	11.72	17.22
5	100	0.84	0.56	0.69	1.66	-10.19	5	100	0.52	0.56	1.19	13.72	17.35
6	102	0.81	0.52	0.68	2.53	-7.75	6	102	0.56	0.52	1.20	15.87	17.33
7	104	0.78	0.47	0.67	3.59	-5.38	7	104	0.60	0.47	1.21	18.16	17.14
8	106	0.75	0.43	0.66	4.83	-3.08	8	106	0.63	0.43	1.22	20.57	16.79
9	108	0.72	0.39	0.65	6.25	-0.86	9	108	0.67	0.39	1.24	23.09	16.29
10	110	0.69	0.35	0.64	7.86	1.30	10	110	0.71	0.35	1.26	25.68	15.64
11	112	0.67	0.31	0.63	9.65	3.38	11	112	0.74	0.31	1.28	28.30	14.83
12	114	0.64	0.27	0.61	11.62	5.40	12	114	0.78	0.27	1.32	30.81	13.88
13	116	0.62	0.23	0.60	13.78	7.34	13	116	0.82	0.23	1.37	32.98	12.81
14	118	0.59	0.19	0.59	16.12	9.21	14	118	0.85	0.19	1.45	34.12	11.63
15	120	0.57	0.15	0.58	18.65	11.01	15	120	0.89	0.15	1.59	32.01	10.43

表 7.2　两主体最优值及最优利润随产品价格敏感系数 b 的变化关系

序号	敏感系数 b	分享比例 φ^*	减排水平 τ^*	减排水平 τ_φ^*	零售商利润差	供应商利润差	序号	敏感系数 b	分担比例 λ^*	减排水平 τ^*	减排水平 τ_λ^*	零售商利润差	供应商利润差
1	1.95	0.87	0.61	0.71	1.07	–13.16	1	1.95	0.49	0.61	1.21	12.47	17.98
2	2	0.84	0.56	0.69	1.66	–10.19	2	2	0.52	0.56	1.19	13.72	17.35
3	2.05	0.81	0.51	0.66	2.37	–7.41	3	2.05	0.56	0.51	1.18	15.01	16.60
4	2.1	0.78	0.45	0.64	3.21	–4.82	4	2.1	0.60	0.45	1.16	16.34	15.72
5	2.15	0.75	0.40	0.61	4.18	–2.42	5	2.15	0.64	0.40	1.15	17.68	14.73
6	2.2	0.72	0.35	0.58	5.28	–0.22	6	2.2	0.68	0.35	1.14	19.00	13.61
7	2.25	0.68	0.30	0.56	6.51	1.80	7	2.25	0.72	0.30	1.14	20.24	12.39
8	2.3	0.65	0.25	0.53	7.86	3.62	8	2.3	0.77	0.25	1.15	21.22	11.06

表 7.3 两主体最优值及最优利润随碳交易价格 p_c 的变化关系

序号	碳价格 p_c	分享比例 φ^*	减排水平 τ^*	减排水平 τ_φ^*	零售商利润差	供应商利润差	序号	碳价格 p_c	分担比例 λ^*	减排水平 τ^*	减排水平 τ_λ^*	零售商利润差	供应商利润差
1	5	0.69	0.30	0.55	6.38	1.84	1	5	0.73	0.30	1.14	19.78	12.49
2	6	0.72	0.35	0.58	5.19	−0.17	2	6	0.68	0.35	1.14	18.69	13.68
3	7	0.75	0.40	0.61	4.13	−2.37	3	7	0.64	0.40	1.15	17.47	14.77
4	8	0.78	0.45	0.63	3.18	−4.78	4	8	0.60	0.45	1.16	16.21	15.74
5	9	0.81	0.50	0.66	2.36	−7.38	5	9	0.56	0.50	1.17	14.96	16.61
6	10	0.84	0.56	0.69	1.66	−10.19	6	10	0.52	0.56	1.19	13.72	17.35
7	11	0.87	0.61	0.71	1.08	−13.21	7	11	0.49	0.61	1.21	12.52	17.98
8	12	0.90	0.66	0.74	0.62	−16.43	8	12	0.45	0.66	1.23	11.36	18.48
9	13	0.93	0.71	0.77	0.29	−19.85	9	13	0.42	0.71	1.26	10.24	18.87
10	14	0.96	0.76	0.79	0.08	−23.49	10	14	0.39	0.76	1.28	9.18	19.13
11	15	1.00	0.82	0.82	0.00	−27.33	11	15	0.36	0.82	1.30	8.17	19.26

表 7.4 两主体最优值及最优利润随碳排放敏感系数 a 的变化关系

序号	敏感系数 a	分享比例 φ^*	减排水平 τ^*	减排水平 τ_φ^*	零售商利润差	供应商利润差	序号	敏感系数 a	分担比例 λ^*	减排水平 τ^*	减排水平 τ_λ^*	零售商利润差	供应商利润差
1	1	0.84	0.56	0.69	1.66	-10.19	1	1	0.52	0.56	1.19	13.72	17.35
2	1.1	0.81	0.56	0.73	2.79	-9.28	2	1.1	0.55	0.56	1.30	18.06	20.21
3	1.2	0.79	0.57	0.78	4.22	-8.19	3	1.2	0.58	0.57	1.40	22.98	23.18
4	1.3	0.77	0.57	0.82	5.95	-6.91	4	1.3	0.60	0.57	1.51	28.49	26.24
5	1.4	0.75	0.58	0.87	7.98	-5.44	5	1.4	0.63	0.58	1.62	34.56	29.40
6	1.5	0.74	0.59	0.91	10.31	-3.79	6	1.5	0.64	0.59	1.74	41.21	32.66
7	1.6	0.72	0.59	0.96	12.95	-1.95	7	1.6	0.66	0.59	1.85	48.41	36.03
8	1.7	0.71	0.60	1.00	15.89	0.09	8	1.7	0.67	0.60	1.97	56.16	39.51
9	1.8	0.70	0.60	1.05	19.14	2.31	9	1.8	0.69	0.60	2.09	64.46	43.09
10	1.9	0.69	0.61	1.09	22.69	4.73	10	1.9	0.70	0.61	2.21	73.29	46.78
11	2	0.68	0.61	1.14	26.57	7.34	11	2	0.71	0.61	2.33	82.64	50.58

向于低的碳交易价格，高的碳交易价格会使其利润增量变得很小；而供应商在分担成本契约下则更希望较高的碳交易价格，因为高的碳交易价格能使其利润增量变大。这也从一个侧面证实了碳交易价格的波动不仅仅对受政府碳规制的制造型企业产生影响，更重要的是波及其所处供应链的上下游企业。

表 7.4 说明随着消费市场对低碳产品认知度的提升，两种契约下零售商及供应商都将获利，并且随着低碳敏感系数 a 的变大，零售商和供应商的利润增量也在变大。因此供应链中各企业通过各种方式来提高消费者对低碳产品的认可度，以扩大低碳产品潜在的市场份额。

7.4 小　结

本章考虑了由上游受政府碳规制的减排供应商和下游销售其产品的零售商所组成的供应链系统。产品的市场需求是供应商减排水平的增函数，零售商为了扩大需求进而提高销售利润，可以通过两种契约方式激励供应商扩大减排投资额。一种为分享由于减排所增收的利润，另一种为分担减排所付出的成本。通过建立零售商和供应商之间的斯塔克尔伯格博弈模型，得出了在上述两种契约下各主体的最优减排水平及最优分成比例，进而得出两主体在不同契约形式下的最优利润值。通过分析比较可以得出：分担减排投资成本契约能够使供应商的减排更加彻底有效，得到的最优减排水平较高；并且在分担减排投资成本契约下，两主体的利润值均会有所提高；在分享减排所增利润契约下，两主体的利润变化要依据参数来确定。这说明，分担减排成本契约能够更加有效地提高零供两主体的利润，而分享减排所增利润契约不能较好地促进供应商减排的积极性，只能单方面地对零售商有利。最后，本章依据合理数据对上述结论进行了验证，并对产品价格、碳交易价格及低碳消费需求敏感度等相关参数的敏感性进行了分析和说明。

第8章　消费者低碳偏好下供应链企业减排成本分摊比较研究

近几年，低碳供应链已经成为一个非常重要的研究领域，不仅仅是因为它的理论研究还远没有成熟，更重要的是现今越来越严重的环境问题。供应链核心企业在政府环境规制和消费者环保意识的双重压力下，迫切需要转变企业的运营策略。许多企业开始探索低碳供应链管理和协调问题。零售业巨头沃尔玛要求其供应商参与碳披露项目并且大量采购具有环境认证的供应商所提供的产品。另外，许多制造企业尤其是能源类制造企业开始通过分摊减排成本投入来实现产品的碳减排，如天津滨海新区巴士公司、天津第一巴士公司、厦门金龙联合汽车工业有限公司、天津中德传动有限公司和广西玉柴机械公司五家公司建立了低碳汽车供应链，通过联合减排和共同分摊减排成本的方式实现了改善供应链整体绩效的目标。

不断增长的公众环保意识为那些生产低碳产品的企业提供了市场和需求扩张的机会，实现企业的收益增加。2013年中国气候传播项目中心对中国城市公众的低碳意识的调研发现，中国约三成城市人口对低碳概念和政策认知度较高，有着较强的低碳付费意愿，在践行低碳生活方式上表现突出。可以看出，无论是从观念还是从行为看，低碳经济对整个世界和人类生活产生了巨大的冲击和影响，消费者对低碳绿色产品的需求也随着环境意识的提高而逐渐提高，也愿意为低碳产品支付更高的价格。这使企业不得不考虑减排的成本和利润回报的关系，重新考量自身乃至整个供应链的运营模式。在此背景下，需求的低碳偏好性如何影响产品的制造与销售，碳排放与环境成本要素如何影响企业的运营决策是迫切需要解决的现实问题。鉴于此，探索消费者环境偏好下的供应链运营低碳化乃至减排成本分摊就显得尤为必要。

8.1 问题描述与模型假设

本章主要研究消费者的低碳偏好对供应链绩效的影响，考虑由单一制造商和单一零售商组成的两级低碳供应链，其结构如图 8.1 所示，制造商在供应链中居于主导地位，为了激励制造商更多地对其减排进行投入，零售商决定是否分摊一部分制造商的减排投入成本以及分摊比例和市场价格；制造商确定批发价格和减排投入。在此背景下，比较了零售商不分摊制造商减排投入成本和零售商通过分散决策结构下的成本分摊契约分摊制造商减排投入成本的绩效，在此基础上通过纳什讨价还价方式的成本分摊契约模式确定了零售商对制造商减排投入成本的分摊比例。

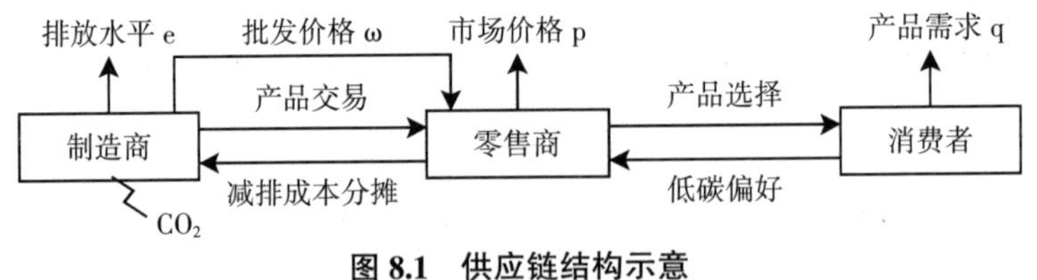

图 8.1 供应链结构示意

在不改变问题本质的前提下，将一些复杂的条件简化，对模型假设如下：

假设 8.1 设零售商的成本为零，零售商的边际收益 ρ 不变，即如果制造商的批发价格提高，则相应地提高售价，易知 $p = \omega + \rho$。其中 $p > \omega$ 且 $\omega > c$。

假设 8.2　制造商成本由原有生产单位产品的普通成本 c 和减排投入成本组成，减排成本与碳减排量之间的关系为 he^2。

假设 8.3　为保证本书讨论的所有利润目标函数是决策变量的凹函数，假设 $t^2 < 8\mu bh$ 或 $t^2 < 8\beta bh$，其中 $0 < \mu$，$\beta \leqslant 1$。

假设 8.4　低碳产品的需求由该产品价格和减排水平共同决定，因此可以针对不同供应链结构下建立如式（8.1）所示的市场需求函数：

$$q = a - bp + te \tag{8.1}$$

其中 t 的下限是 0，上限因产品而异，且 a，b，$t > 0$。

因此制造商、零售商和整个低碳供应链的收益分别为：

$$\pi_m = (\omega - c)q - he^2 \tag{8.2}$$

$$\pi_r = (p - \omega)q \tag{8.3}$$

$$\pi_{sc} = (p - c)q - he^2 \tag{8.4}$$

本章涉及的相关符号及其含义如表 8.1 所示。

表 8.1　相关符号及其含义

变量	含义	变量	含义
ω	制造商的批发价格	e	单位产品的碳排放减少量
c	制造商的边际生产成本，$c_m>0$	ρ	零售商的边际收益，$\rho>0$
p	零售价格	q	制造商的产量即市场需求量
t	消费者的低碳偏好水平	a	最终产品的市场容量
h	单位产品碳排放减少量的成本	b	需求对价格敏感系数
μ，β	减排成本分摊系数和纳什讨价还价减排成本分摊系数	π_m	制造商的收益
π_r	零售商的收益	π_{sc}	整个供应链总收益

8.2 联合减排与减排成本模型分析

8.2.1 协同控制的集中式决策

首先考虑集中决策这一理想状态下的收益情况，可以得到命题 8.1。为简化表达式，令 $\eta = a - bc$，$\lambda = 4hb - t^2$，$\phi = 8hb - t^2$。

命题 8.1 在集中决策机制下，供应链系统的减排水平、市场价格、零售商的边际收益和供应链收益分别为 $t\eta/\lambda$、$2h\eta/\lambda + c$、$2h\eta/\lambda$ 和 $h^2\eta/\lambda$。

证明：集中决策情形下，考虑式（8.4），整个供应链的收益由以下几部分决定，即边际收益 ρ，产品市场价格 $\rho + c$ 和产量 q 及减排投入组成，具体为：

$$\max_{\rho, e} \pi_{sc} = \rho(a - b(\rho + c) + te) - he^2 \tag{8.5}$$

关于 ρ 和 e 求偏导，可得：

$$\partial\pi_{sc}/\partial e = t\rho - 2he \tag{8.6}$$

$$\partial\pi_{sc}/\partial\rho = a - 2b\rho + te - bc \tag{8.7}$$

考虑供应链利润函数是关于决策变量的凹函数，因此联立式（8.6）和式（8.7）可得在集中决策时的最优边际收益和减排投入，即 $e^* = t\eta/\lambda$，$\rho^* = 2h\eta/\lambda$，从而 $p^* = 2h\eta/\lambda + c$，$\pi^*_{sc} = h\eta^2/\lambda$。

8.2.2 无成本分担的分散式决策

在制造商占主导的低碳供应链中，供应链博弈结构为制造商占主导的斯塔克尔伯格（Stackelberg）博弈，零售商作为跟随者，要在制造商决

策的基础上做出自己的决策，因此可得命题 8.2。

命题 8.2　在制造商主导下的低碳供应链中，零售商的边际收益、制造商的减排投入和批发价格分别为 $2h\eta$、$t\eta$ 和 $4h\eta + c$。

证明：由 $\max_{\rho} \pi_r(\omega, e) = \rho(a - b(\rho + \omega) + te)$，分别关于 ρ 求一阶偏导和二阶偏导可得 $\partial\pi_r/\partial\rho = a - 2b\rho - b\omega + te$；$\partial^2\pi_r/\partial\rho^2 < 0$。由此可知，零售商的利润函数关于边际收益 ρ 是严格凹的，从而可得：

$$\rho(\omega, e) = (a - b\omega + te)/(2b) \tag{8.8}$$

结合式（8.8）和式（8.2）有 $\max_{\omega, e} \pi_m = (\omega - c)(a - b\omega + te)/2 - he^2$，考虑关于 ω 和 e 的凸凹性，计算海塞阵结果如下：

$$H = \begin{bmatrix} -2h & t/2 \\ t/2 & -b \end{bmatrix}$$

当海塞阵 H 负定时，即 $t^2 < 8hb$ 结合假设 8.3 可得 $\omega^* = 4h\eta/\phi + c$ 和 $e^* = t\eta/\phi$，此时，$\rho^* = 2h\eta/\phi$，$p^* = 6h\eta/\phi + c$。

8.2.3　零售商参与减排下的成本分摊契约

本章研究在供应链中，基于碳排放视角考虑双方合作中的减排成本分摊问题。在我们所设计的博弈模型中，制造商作为主要的碳排放大户承担了所有的减排成本，而在利润的分享过程中并没有对制造商的减排成本进行补偿，这很可能导致供应链合作的不稳定，为了使制造商能够参与到低碳供应链中，零售商需要分摊制造商的减排成本，即减排成本的分摊是双方合作的一个重要因素，更为重要的是，通过减少产品的碳排放水平，零售商在一定的条件下可以获得更大的利润，这也是零售商参与减排成本分摊的一个动力，因此本章设计减排成本分摊契约来考察低碳供应链中产品碳排放减少对双方合作的影响机理。本章设计这样的场景：在制造商的减排成本中，零售商分摊制造商的减排成本，分摊比

例为 μ，制造商选择是否接受这个比例，若接受此契约，则零售商需要分摊总减排成本的 μ 比例而制造商只需要承担（1 - μ）比例。因此，在成本分摊这一情形下，制造商和零售商的利润函数发生了变化，具体如下：

$$\pi_m=(\omega-c)(a-bp+te)-(1-\mu)he^2 \tag{8.9}$$

$$\pi_r=(p-\omega)(a-bp+te)-\mu he^2 \tag{8.10}$$

双方是否能够在此契约下进行合作，当分摊比例在什么样的范围内才可能按此契约进行合作是本书关心的问题，按照供应链契约理论和委托—代理理论，当双方在新的契约下所获得收益都好于之前的收益，即双方都获得帕累托（Pareto）改善时，则双方在这一契约下形成新的合作关系才可能稳固，因此有必要比较不考虑减排成本分摊和考虑减排成本分摊这两种情形下供应链双方的收益。当零售商分摊制造商的减排成本时双方的均衡值可以利用线性代数和博弈论相关知识得到，详见命题 8.3。

命题 8.3 在成本分摊契约下，相应的变量均衡值是唯一的，且分别为：$\mu^c=\frac{t^2}{16bh}$；$e^c=\frac{2t\eta}{16bh-3t^2}$；$\omega^c=\frac{16bh(a+bc)-(a+5bc)t^2}{2b(16bh-3t^2)}$；$\rho^c=\frac{\eta(16bh-t^2)}{4b(16bh-3t^2)}$。

证明：当零售商分摊 μ 比例的减排成本后，双方的利润函数为式（8.9）和式（8.10）。

制造商占主导的斯塔克尔伯格博弈下，我们采用逆向求解方式，由于 $\partial^2\pi_r/\partial\rho^2<0$，对零售商的利润函数关于 ρ 求导得：

$$\rho(\omega,e)=(a-b\omega+te)/(2b) \tag{8.11}$$

将式（8.11）代入式（8.9）化简得制造商的利润函数为：

$$\max_{\omega,e}\pi_m=(\omega-c)\rho(a-b\omega+te)/2-(1-\mu)he^2 \tag{8.12}$$

对式（8.12），结合假设 8.3 有海塞矩阵负定，此时制造商关于 ω 和 e 是凹函数，利用一阶导数为零可得：

$\begin{cases}\omega^* = [4h(a+bc) - ct^2]/[8(1-\mu)bh - t^2] \\ e^* = t(a-bc)/[8(1-\mu)bh - t^2]\end{cases}$，从而 $\rho^* = 2h(1-\mu)\eta/[8bh(1-\mu) - t^2]$ 和 $p^* = [2h(1-\mu)(3a+bc) - ct^2]/[8bh(1-\mu) - t^2]$，此时零售商的利润为：

$$\pi_r = 4bh\eta^2[h(1-\mu)^2 - \mu t^2]/[8bh(1-\mu) - t^2]^2 \tag{8.13}$$

零售商的利润函数关于 μ 求一阶和二阶导数得：

$$\partial\pi_r/\partial\mu = ht^2\eta^2(t^2 - 16bh\mu)/[8bh(1-\mu) - t^2]^3 \tag{8.14}$$

$$\partial^2\pi_r/\partial\mu^2 = 8bh^2t^2\eta^2[5t^2 - 16bh(1+2\mu)]/[8bh(1-\mu) - t^2]^4 \tag{8.15}$$

由假设 8.3 当 $t^2 < 8\mu bh$ 时有 $5t^2 < 16bh(1+2\mu)$ 成立，此时 $\partial^2\pi_r/\partial\mu^2 < 0$，零售商的利润函数是严格凹的，利用式（8.14）可得此时的最优分摊系数为 $\mu^c = t^2/(16bh)$，从而可得命题 8.3 相应的结论，并且可得零售商价格、利润、制造商利润和供应链的利润分别为：$p^c = [16bh(3a+bc) - 3t^2(a+3bc)]/[4b(16bh - 3t^2)]$；$\pi_r^c = \eta^2(16bh + t^2)/[16b(16bh - 3t^2)]$；$\pi_m^c = \eta^2(16bh - t^2)/[8b(16bh - 3t^2)]$；$\pi_{sc}^c = \eta^2(48bh - t^2)/[16b(16bh - 3t^2)]$。

命题 8.3 表明，在一定的条件下，双方基于收益和环境关系下所形成的减排成本分摊契约存在唯一的最优解，双方的收益受到消费者低碳偏好水平和成本分摊比例以及需求对价格的敏感性等因素的影响。

命题 8.4　在制造商占主导的低碳供应链中，双方采用零售商参与减排成本分摊契约时，零售商对制造商的减排成本分摊比例与减排水平及需求的价格弹性均负相关，与消费者的低碳偏好水平正相关。

证明：由 $\mu^c = t^2/(16bh)$ 可得，$\partial\mu^c/\partial t = t/(8bh)$，$\partial\mu^c/\partial h = -bt^2/(4bh)^2$，$\partial\mu^c/\partial b = -ht^2/(4bh)^2$，由于 t、b、h 均大于零，故 $\partial\mu^c/\partial t > 0$，$\partial\mu^c/\partial h < 0$，$\partial\mu^c/\partial b < 0$，即零售商的减排成本分摊系数 μ^c 与制造商减排水平 h 负相关，与需求的价格弹性 b 负相关，而与消费者的低碳偏好水平 t 正相关。

命题 8.4 表明，随着制造商的减排投入成本的增加，零售商愿意承担的比例会不断减少，这意味着较高的减排投入，会使零售商的减排分摊比例下降，这样零售商才能保持其利润水平。同时也可以发现，当消费者对低碳产品的偏好增加时，零售商会提供更高的减排分摊比例，这说明消费者低碳偏好的增加通过需求的增加传导到零售商的收益函数，从而影响了其决策行为。当然，也可以看到需求的价格弹性对零售商的减排分摊系数也具有影响。这一点与消费者的低碳偏好的影响类似，只是影响方向不同，不同的产品类型对零售商的减排分摊决策影响也不同。

命题 8.5 在低碳供应链中，与分散决策结构相比，成本分摊契约下的减排水平、批发价格和市场价格更高。

证明：比较成本分摊契约下制造商的减排水平 $e^c = 2t\eta/(16bh - 3t^2)$ 和分散决策结构下制造商的减排水平 $e^* = t\eta/(8bh - t^2)$，由 $e^c/e^* = (16bh - 2t^2)/(16bh - 3t^2)$，显然，$e^c/e^* \geqslant 1$，即 $e^c \geqslant e^*$；同理可证 $\omega^c \geqslant \omega^*$，$p^c \geqslant p^*$。

命题 8.5 表明，供应链双方如果采用成本分摊契约可以提高整个供应链的减排水平，提高产品的低碳化程度，因此从碳减排角度来看，成本分摊契约优于分散决策；同时也可以看到，碳减排水平提高也导致了批发价格和市场价格均提高，从消费者角度来看，购买低碳产品比普通产品需要支付更高的价格。如果采取成本分摊契约后双方的收益大于分散决策情形，则制造商和零售商都愿意采取成本分摊的合作关系，因此，讨论双方在两种结构下的收益关系就显得尤为重要。

命题 8.6 在低碳供应链中，与分散决策结构相比，成本分摊契约下的制造商和零售商的收益均得到改善。

证明：利用前面命题 8.2 和命题 8.3 的结论可知 $\pi_r^c = \eta^2(16bh + t^2)/[16b(16bh - 3t^2)]$ 且 $\pi_r^* = 4bh^2\eta^2/(8bh - t^2)^2$，则有 $\pi_r^c/\pi_r^* \geqslant 1$，即 $\pi_r^c > \pi_r^*$，同理可证 $\pi_m^c > \pi_m^*$。

命题 8.6 表明，与分散决策相比，制造商和零售商在采用成本分摊契

约后双方的收益均增加，显然零售商分摊减排成本这一决策有助于制造商改变其生产运营行为，制造商利润的提升主要是依靠零售商对其成本的分摊和消费者低碳偏好对需求的变化，这也有助于制造商在运营过程中投入更多的资金进行碳减排。更为重要的是，零售商通过分摊制造商的减排成本，可以获得比分散决策情形下更好的收益。这也是零售商参与减排成本分摊契约这一合作方式的基础，因此，分摊制造商的减排成本，降低了产品的碳排放水平，增加了对产品的需求，需求增长所获得的收益完全可以补偿与制造商分摊的减排成本，从整体来看，零售商的收益是增加的，这也解释了双方采用成本分摊契约进行减排合作的原因。同时也可以看出，引导消费者购买低碳产品可以促进供应链减排水平的提升，有助于减少产品的碳排放。

8.2.4　基于纳什讨价还价的减排成本分摊机制

8.2.4.1　纳什（Nash）讨价还价

从前面的讨论可以看出，双方采用减排成本分摊契约可以实现更好的收益改善，即实现了帕累托（Pareto）改善，但是对于双方来说，双方各自的分摊比例应该如何确定也是一个需要解决的问题。木章利用纳什讨价还价方式解决双方的减排投入比例问题。相对于斯塔克尔伯格博弈，纳什讨价还价博弈也许更适合供应链减排合作系统。因为在供应链系统中，制造商具有一定或较强的地位，不会允许零售商占有先动优势并通过减排成本转嫁来最大化自己的利润。如果制造商具有先动优势，会转嫁所有减排成本给零售商，从而降低零售商参与合作减排的积极性。

8.2.4.2　事件发生顺序

在减排成本分摊契约中，制造商与零售商的交易过程分为三个阶段，决策制定的顺序如下：

阶段 1　议价阶段。双方就成本分摊因了 β 进行议价，具体价格取决于双方的议价能力。遵循原则为：制造商分摊减排成本总和的比例为 β，零售商分摊剩余的 1 - β 比例。

阶段 2　低碳化运营决策阶段。制造商基于减排成本分摊比例和零售商反应函数及市场需求函数选择产品排放水平和转移价格定价。

阶段 3　市场决策阶段。零售商在制造商产品减排水平、成本分摊因子和转移价格的基础上来决定产品的市场价格。

以上事件顺序体现了供应链企业之间决策的一般过程。减排成本分摊比例是制造商制定产品减排成本投入决策的前提，因而最先发生。零售商的市场价格决策需根据制造商的减排成本分摊比例和转移价格决策来确定，因而发生在最后。

8.2.4.3　求解与分析

首先基于事件发生顺序对问题进行求解，然后分析各参与方议价能力对自身及整个系统的影响，基于决策制定的顺序，制造商和零售商的利润函数分别为：

$$\pi_m = (\omega - c)(a - bp + te) - \beta he^2 \tag{8.16}$$

$$\pi_r = (p - \omega)(a - bp + te) - (1 - \beta)he^2 \tag{8.17}$$

$$\max_{\beta} \pi_b = \pi_m \cdot \pi_r \tag{8.18}$$

利用逆向推导来解决问题的最优解。利用式（8.17），对零售商的利润函数关于 p 求导等于零，可得：

$$p = (a + b\omega + te)/(2b) \tag{8.19}$$

易知当 $t^2 < 8\mu bh$ 时，其海塞阵是负定的，此时制造商的收益函数关于 e 和 ω 是凹函数，于是有 $\omega(\beta) = [4ah\beta + c(4bh\beta - t^2)]/(8bh\beta - t^2)$，$e(\beta) = t(a - bc)/(8bh\beta - t^2)$，因此可得 $p(\beta)=[6ah\beta + c(2bh\beta - t^2)]/(8bh\beta - t^2)$，从而

$$\pi_m(\beta) = \beta h(a - bc)^2/(8bh\beta - t^2) \tag{8.20}$$

$$\pi_r(\beta) = h(a - bc)^2(4bh\beta^2 - t^2 + \beta t^2)/(8bh\beta - t^2)^2 \tag{8.21}$$

将式（8.20）和式（8.21）代入式（8.18）可得：

$$\max_{\beta} \pi_b = \beta h^2(a - bc)^4(4bh\beta^2 - t^2 + \beta t^2)/(8bh\beta - t^2)^3 \tag{8.22}$$

式（8.22）关于 β 求导整理可得：

$$\partial\pi_b/\partial\beta = -h^2t^2(a - bc)^4(20bh\beta^2 - t^2 + 2\beta t^2 - 16bh\beta)/(8bh\beta - t^2)^4$$

$$\partial^2\pi_b/\partial\beta^2 = 2h^2t^2(a - bc)^4(160b^2h^2\beta^2 - 24bht^2 + 44\beta bht^2 + t^4 - 192b^2h^2\beta)/(8bh\beta - t^2)^5$$

为保证 π_b 关于 β 是凹的，则 $\partial^2\pi_b/\partial\beta^2 < 0$，结合 $t^2 < 8\mu bh$ 可得符合条件的临界值为：

$$l = [(48bh - 11t^2) + \sqrt{(9t^2)^2 + (48bh)^2 - 96bht^2}]/(80bh) \tag{8.23}$$

因此为使 $\partial^2\pi_b/\partial\beta^2 < 0$，必然有 $\beta < l$，由于 $0 < \beta \leqslant 1$，故可以设 l 的边界为 $0 < l \leqslant 1$，结合式（8.23）可得当 $t^2/(24b) < h \leqslant (5 + \sqrt{33})t^2/(16b)$ 时，满足 π_b 关于 β 是凹的，从而可以利用一阶导数来确定 β 的最优值如下：

$$\beta_1^* = [(8bh - t^2) + \sqrt{(8bh + t^2)^2 - 12bht^2}]/(20bh)$$

$$\beta_2^* = [(8bh - t^2) - \sqrt{(8bh + t^2)^2 - 12bht^2}]/(20bh)$$

显然 β_1^* 满足在区间（0，1］范围，对于 β_2^*，结合假设 3 可知 $\beta_2^* < 0$，故取 $\beta^* = \beta_1^*$。

命题 8.7　在碳减排成本分摊契约中，当 β^* 满足一定的范围（$\beta^* \in [0.5, 0.8]$），该问题存在纳什讨价还价解。且当减排因子满足 $t^2/(24b) < h \leqslant (5 + \sqrt{33})t^2/(16b)$ 时，该讨价还价问题存在均衡解为 $\beta^* = [(8bh - t^2) + \sqrt{(8bh + t^2)^2 - 12bht^2}]/(20bh)$。

证明：由 $\partial\pi_b/\partial\beta = -h^2t^2(a - bc)^4(20bh\beta^2 - t^2 + 2\beta t^2 - 16bh\beta)/(8bh\beta - t^2)^4$，显然它的符号依赖于 $20bh\beta^2 - t^2 + 2\beta t^2 - 16bh\beta$ 的取值，当 $\beta \geqslant 0.8$

时，$\partial\pi_b/\partial\beta \geq 0$ 恒成立；当 $\beta \leq 0.5$ 时，$\partial\pi_b/\partial\beta \leq 0$ 恒成立，考虑到 π_b 关于 β 的连续性，在 $\beta \in [0.5, 0.8]$ 时，必然存在一个纳什讨价还价解。同时参考前面的讨论易知，当减排因子满足 $t^2/(24b) < h \leq (5+\sqrt{33})t^2/(16b)$ 时，该讨价还价问题存在均衡解为 $\beta^* = [(8bh - t^2) + \sqrt{(8bh + t^2)^2 - 12bht^2}]/(20bh)$。

命题 8.7 表明，在本章所设计的基于纳什讨价还价的减排成本分摊契约中，制造商的减排成本分担比例总是高于总减排投入的一半以上，零售商只是承担少部分的减排成本投入。

命题 8.8 减排成本分摊契约下的纳什讨价还价均衡解优于分散决策下的均衡解，具体表现为：$e^b \geq e^*$，$\omega^b \geq \omega^*$，$p^b \geq p^*$，$\pi_m^b \geq \pi_m^*$。

证明：利用命题 8.3 的求解方法，易证当 $t^2 < 8\beta bh$ 时，减排成本分摊契约下的纳什讨价还价存在唯一最优解，令 $\varphi = \sqrt{(8bh + t^2) - 12bht^2}$，$\xi = 16bh - 4t^2 + 2\varphi$，则 $e^b = 5t(a - bc)/\xi$，$\omega^b = [(a + bc)(\varphi + 8bh) - (a + 6bc)t^2]/(b\xi)$，$p^b = [(3a + bc)(\varphi + 8bh) - t(3a + 11bc)]/(2b\xi)$，$\pi_m^b = (a - bc)^2(\varphi + 8bh - t^2)/(4b\xi)$。

命题 8.8 表明，在减排成本分摊契约下，通过纳什讨价还价过程，产品的碳排放水平较分散决策获得了改善，究其原因，主要是零售商参与制造商的碳减排成本分摊，改变了供应链的成本结构，降低了制造商的减排成本压力，因此制造商选择更有利于减少产品碳排放的生产和运营策略；进一步研究发现，通过提高产品的低碳化水平，提高了产品的批发价格，在讨价还价的减排成本分摊契约下，也能够提高市场价格，这主要是因为零售商的成本提高。零售商成本提高表现在，一方面，参与了制造商的减排成本分摊；另一方面，制造商的批发价格提高也给零售商带来了成本压力，因此零售商需要通过提高市场价格来转嫁其成本。从消费者角度看，消费者剩余可能减少，因为消费者需要为低碳产品提

供更高的价格。对制造商而言，其收益在成本分摊契约下更高，可以看出，通过与零售商分担减排成本，制造商的收益增加了。

8.3　算例分析

本章应用数值分析的方法检验命题的正确性。我们对模型中的参数进行赋值，令 $a = 1000$，$b = 60$，$c = 6$，$t = 30$。由于 $t^2/(24b) < h \leqslant (5 + \sqrt{33})t^2/(16b)$，$t^2 < 8\beta bh$，结合 $\beta \in [0.5,\ 0.8]$ 可知 $h \in (3.75,\ 10.073]$，为便于分析，取其中一个子集 $h \in [4.5,\ 10]$ 的整数，于是我们可以分析各个参量变化的影响关系。

表 8.2　不同决策结构下减排成本随减排投入因子 h 的变化关系

减排投入因子	集中决策	分散决策	成本分摊契约	讨价还价成本分摊	减排投入因子	集中决策	分散决策	成本分摊契约	讨价还价成本分摊
4.5	106.7	15.2	23.7	31.0	7.5	21.3	7.1	8.5	11.0
5.0	64.0	12.8	18.3	23.8	8.0	18.8	6.5	7.7	9.9
5.5	45.7	11.0	14.9	19.3	8.5	16.8	6.0	7.0	9.0
6.0	35.6	9.7	12.5	16.2	9.0	15.2	5.6	6.5	8.3
6.5	29.1	8.6	10.8	14.0	9.5	13.9	5.2	6.0	7.7
7.0	24.6	7.8	9.6	12.3	10.0	12.8	4.9	5.6	7.1

由表 8.2 可知，随着减排因子的增加，不同的供应链决策结构下的减排水平都会降低，从结果可知，分散决策的减排水平是最低的，减排效果最好的是采用供应链集中决策结构。采用本章所建立的成本分摊契约与分散决策相比，可以获得更好的减排效果且成本分摊契约中采用纳什讨价还价方式可以得到比零售商分摊减排成本更好的减排效果，这也解释了为什么双方谈判对成本分摊有好处。

表 8.3　不同决策结构下零售价格随减排投入因子 h 的变化关系

减排投入因子	集中决策	分散决策	成本分摊契约	讨价还价成本分摊	减排投入因子	集中决策	分散决策	成本分摊契约	讨价还价成本分摊
4.5	38.0	19.7	19.6	41.9	7.5	16.7	16.7	15.2	23.9
5.0	27.3	18.8	18.0	35.4	8.0	16.0	16.4	15.0	22.9
5.5	22.8	18.1	17.0	31.4	8.5	15.5	16.3	14.8	22.1
6.0	20.2	17.6	16.4	28.6	9.0	15.1	16.1	14.6	21.5
6.5	18.6	17.2	15.9	26.6	9.5	14.8	16.0	14.5	20.9
7.0	17.5	16.9	15.5	25.1	10.0	14.5	15.8	14.3	20.4

由表 8.3 可以看出，当减排因子较小时，低碳产品的零售价格在集中决策时是最高的，然而随着减排因子的增加，纳什讨价还价谈判情形零售价格逐渐超过其他三种情形，但所有的零售价格都会随着减排因子的增加而减少。从中也可以发现，在同样的零售价格情形，纳什讨价还价情形能够得到更好的产品减排水平，可是零售商利润却低于零售商提供减排成本分摊契约情形（见表 8.4）。表 8.5 表明，从零售商减排成本分摊比例看，在纳什讨价还价解下的成本分摊比例要更高，在更高的减排成本投入情形下，零售商更愿意利用成本分摊契约，这样零售商可以独立决策自己的最优利润。

表 8.4　不同决策结构下零售商利润随减排投入因子 h 的变化关系

减排投入因子	分散决策	成本分摊契约	讨价还价成本分摊	减排投入因子	分散决策	成本分摊契约	讨价还价成本分摊
4.5	1253.9	2088.5	1285.4	7.5	758.5	768.0	740.0
5.0	1092.3	1723.4	1091.3	8.0	727.9	735.1	710.2
5.5	982.2	1503.8	969.1	8.5	702.4	708.0	685.6
6.0	902.7	1357.1	885.1	9.0	680.8	685.3	664.9
6.5	842.7	1252.1	823.7	9.5	662.3	665.9	647.3
7.0	796.0	1173.1	776.9	10.0	646.3	649.3	632.1

表 8.5　两种成本分摊方式下的零售商分摊比例随减排投入因子 h 的变化关系

减排投入因子	成本分摊契约	讨价还价成本分摊	减排投入因子	成本分摊契约	讨价还价成本分摊
4.500	0.208	0.296	7.500	0.125	0.264
5.000	0.188	0.289	8.000	0.117	0.261
5.500	0.170	0.283	8.500	0.110	0.258
6.000	0.156	0.277	9.000	0.104	0.255
6.500	0.144	0.272	9.500	0.099	0.252
7.000	0.134	0.268	10.000	0.094	0.250

表 8.6 更是表明：零售商成本分摊契约和讨价还价契约两种情形下的最优供应链利润水平高于分散决策下的供应链利润水平，而且讨价还价契约的供应链绩效高于零售商成本分摊契约下的供应链绩效。从这个角度看，通过纳什讨价还价达成分摊契约的形式更加有利于供应链绩效改善。

表 8.6　不同决策结构下供应链利润随减排投入因子 h 的变化关系

减排投入因子	集中决策	分散决策	成本分摊契约	讨价还价成本分摊	减排投入因子	集中决策	分散决策	成本分摊契约	讨价还价成本分摊
4.5	10240.0	2716.7	3176.3	3378.1	7.5	3413.3	1896.3	1962.7	2032.4
5.0	6826.7	2457.6	2742.9	2897.1	8.0	3212.5	1842.4	1896.9	1959.6
5.5	5363.8	2276.9	2470.7	2595.2	8.5	3054.0	1797.2	1842.6	1899.6
6.0	4551.1	2143.9	2283.9	2388.2	9.0	2925.7	1758.7	1797.2	1849.4
6.5	4033.9	2042.0	2147.8	2237.4	9.5	2819.7	1725.5	1758.5	1806.6
7.0	3675.9	1961.5	2044.2	2122.6	10.0	2730.7	1696.6	1725.2	1769.9

8.4 结 论

本章重点研究了低碳供应链上下游成员之间的减排成本分摊机制并提出了成员之间的减排决策的关键影响因素。通过减排成本分摊契约的两种方式的研究，发现减排成本分摊契约可以使合作双方及整个供应链都获得更大的收益。与分散决策相比，减排成本分摊契约可以提高产品的低碳化水平，同时也提高了供应链各方的收益。在这两种减排成本分摊契约中，基于纳什讨价还价方式的减排成本分摊契约能够更好地降低产品的碳排放，同时整个供应链的收益也增加。研究也发现，随着减排因子的增加，两种减排成本分摊契约市场价格、零售商的利润、减排成本分摊比例以及供应链利润都呈现不断下降的趋势，但基于纳什讨价还价方式的减排成本分摊契约在市场价格、减排成本分摊比例和供应链利润等方面都高于零售商提供成本分摊契约形式。总之，在两种契约形式中，零售商都可以实现与制造商共同降低碳排放的目标，促进制造商提高碳减排率，进而提高供应链利润。基于纳什讨价还价方式的减排成本分摊契约可以使零售商分摊更大的减排成本并且获得更高的供应链绩效。从这个角度看，通过讨价还价达成分摊契约的形式更加有利于供应链绩效改善。

第 9 章　结论与展望

9.1　主要结论

20 世纪中期以来，随着政府对碳排放问题的严峻性认识的深入和低碳供应链的兴起，传统的以经济利益为主导的供应链管理模式逐渐发生变化，由于环境资源的稀缺性，使得企业之间的交易关系发生了很大的变化，由过去的排放外生性逐渐转变为排放成本内生化，传统以产品交易和资源交易为主导的二维交易关系将被打破，在此基础上，交易各方需要考虑在传统交易模式中被忽略的方面，即碳排放权交易。随着政府的环境治理力度不断加大，消费者的消费行为和消费习惯的不断改变，使得企业不得不对运营过程中的碳排放所带来的环境影响承担相应的成本，同时减少碳排放也可能获得收益的增加。从供应链低碳化视角而言，在整个产品生命周期从原材料购买、产品生产到消费直至回收利用都需要考虑其对环境的影响和破坏程度。当碳排放交易权作为一种稀缺资源进行到企业的生产运营环境中，必然会改变过去的企业决策的二维模式，即企业考虑如何对供应链上游资源投入和下游产品产出之间的投入与产出之比优化来合理配置企业的资源，使得其收益最大化。随着政府和消费者对环境恶化的不断关注，企业的碳排放行为会受到来自政府规制的约束。低碳经济模式下，碳排放权已经成为一种可交易的商品而加入到企业的日常生产和运营过程中，使其交易形式由二维变成了三维，随之带来了企业的成本结构的变化。企业在生产经营过程中，需要平衡资源投入、碳排放成本和产品产出之间的关系，在三者的均衡下寻求企业的收益最大化。消费者环境偏好的不断增强对企业产品的最终需求产生深刻的影响，企业的销售收入结构随之发生很大变化。本书以供应链低碳化运营过程中利益各方（供应链成员、政府及消费者）的低碳决策行为为研究对象，分别从消费者偏好对供应链低碳化绩效、供应链上下游考虑碳排放的交易行为及政府环境政策对供应链低碳化的影响与对策三个方面进行了理论研究，目的是为供应链低碳化行为提供科学的指导。通过分析，本书结论如下：

9.1.1 研究消费者低碳偏好和低碳意识对供应链低碳化绩效的影响

首先从需求角度分析了消费者低碳偏好产生的原因及对产品需求的影响，这一影响体现在传统的需求函数的改变；然后分析了两种不同供应链结构，即单一制造商与单一零售商组成的供应链以及两个竞争制造商和单一零售商组成的供应链，得到在不同决策形式下的碳排放量和供应链的绩效，并对影响供应链各成员和整体绩效的因素进行了比较分析和协调优化。

无论是单一制造商和单一零售商组成的供应链结构，还是两个竞争制造商和单一零售商组成的供应链结构，制造商的减排量都受到消费者低碳偏好和减排成本影响因子的共同影响，但其利润和订货量是不同的。随着消费者低碳偏好、制造商的减排成本影响因子以及存在竞争时的竞争激烈程度都将影响供应链各个成员的收益。

研究结果表明：在两种不同的供应链结构中，无论是从单一制造商和单一零售商组成的供应链系统，还是两个竞争制造商和单一零售商组成的供应链系统，制造商的减排量都只受到消费者低碳偏好和减排成本影响因子的共同影响。

对于单一制造商和单一零售商组成的供应链系统，制造商主导下的分散决策和信息完全下的集中决策所得到的碳减排水平都是相同的。也就是说，无论制造商和零售商在供应链中的地位如何，都不影响整个供应链的减排水平，供应链碳排放减少水平与制造商和零售商的博弈结构无关，更多地依赖于消费者的低碳需求偏好，即消费者的低碳偏好是供应链成员减排的重要因素。但同时研究发现，供应链整体收益在分散决策和集中决策两种结构下是有差异的：在制造商主导的分散决策下，供应链的收益少于集中决策的收益，这也符合一般的供应链决策机制下的收益关系；从零售商对制造商的订货量在两种决策机制下的比较可以看出，分散决策下的订货量少于集中决策的订货量，因此需要对分散决策下的供应链进行协调，使该类型低碳供应链进行 Pareto 改进，本章利用收益共享契约实现了供应链的 Pareto 改进。

当存在两个竞争的制造商时，两个制造商之间的减排影响因子的相对大小会对双方的收益产生影响。产品的竞争越激烈，对零售商越有利，而对减排成本较高的制造商越不利，即随着制造商产品竞争的加剧，零售商获得了更多的收益；同时，减排水平较低的制造商的收益会减少，而减排水平较高的制造商的收益依赖于当前的竞争激烈程度、消费者的低碳偏好水平、需求和成本参数等诸多因素。竞争的加剧，直接将导致减排水平较高的制造商的可获利能力减弱，除非消费者的低碳偏好是强烈的且该制造商与其竞争对手相比而言有较强的成本优势。

消费者的低碳偏好通过对需求的影响从而最终影响供应链成员的决策行为这一机制也为后面的研究奠定了基础。

9.1.2 以环境规制制定者政府和供应链核心企业为研究对象，在考虑环境外部性和环境资源稀缺性的假设下，研究政府环境规制是否在行为策略空间对核心企业的决策行为产生影响，从而使其演化到生产环境友好型的低碳产品

研究结果表明：均衡结果受到博弈初始状态的影响。即博弈双方初始各自选择策略的比例会影响双方最终的策略选择，而这一比例由相应的收益大小决定。

（1）若政府对“生产高碳产品”企业的惩罚力度过小，而它的“检查”成本又比较高，这种情况下政府的最优策略是不对企业进行检查。在这种政府决策行为下，企业不会主动选择“生产低碳产品”策略。为改变这种状况，在“生产低碳产品”的企业达到一定数量的基础上，政府可以通过不断强化单位产品碳排放的惩罚力度，同时规定降低单位产品的碳排放量标准；也可以考虑降低监督检查的成本，诸如利用第三方检查，由更专业的第三方来监督企业的减排行为。

（2）若核心企业“生产低碳产品”的收益（包括由于生产高碳产品而需要支付的寻租成本、生产低碳产品所带来的收益如原材料的节约，包装的减少，上下游减排合作等）大于其由此付出的减排成本（如降低碳排放的研发成本、上下游合作的成本、物流成本等），即核心企业总结其在低碳供应链管理的经验，发挥在供应链上的主动权导致其付出单位成本带来的收益也不断增大，则企业群体最终都会选择“生产低碳产品”策略。因此，作为监督方的政府不仅要强化执法，以环境改善为依据，不能为了片面追求经济增长而以环境污染为代价；而且一些补贴型政策也可以引导企业开展低碳供应链管理，诸如提供环保信息和环保培训等。

（3）如果企业选择“生产低碳产品”获得的收益太小，而成本却偏高；同时政府对低碳产品生产企业的补贴率过小，而对高碳产品生产企

业的惩罚力度也不高，则均衡的结果是所有企业都采取了“生产高碳产品”这一策略。为避免最终所有企业都采取“生产高碳产品”策略，政府应逐步增加对低碳生产企业的补贴力度，同时加强对高碳生产企业的惩罚力度。例如按照企业减排量的不同给予有差异的奖励措施并对碳排放量不达标的企业根据其与标准的差额不同而制定不同的惩罚措施等来约束企业的碳排放，使其转而生产低碳产品。

9.1.3 研究了碳交易背景下上游供应商和下游零售商所组成的低碳供应链系统的减排决策行为

研究表明：出于对自身收益的考虑，制造商在考虑政府碳排放配额、市场需求变化和碳权价格等影响因素的基础上决定自身的最优产量。制造商的产量水平会随着碳权价格的变化而做出适当的调整。在消费者低碳偏好和政府环境规制（碳配额、补贴、税收等）双重外力作用下，双方在斯塔克尔伯格博弈关系下制定最优决策来最大化各自的收益。而双方的博弈关系受到诸如政府碳排放政策、市场需求不确定等因素的影响。对于政府而言，可以通过环保政策牺牲较少的经济增长来换取更多的环境改善，即政府不同的排放限额导致了不同的社会分配方式。对于供应链双方而言，会根据市场需求的变化来调整各自的策略，零售商为了扩大需求进而提高销售利润，可以通过两种契约方式激励供应商扩大减排投资额，即一种为分享由于减排所增收的利润，另一种为分担减排所付出的成本。研究发现，分担减排投资成本契约能够使供应商的减排更加彻底有效，得到的最优减排水平较高；并且在分担减排投资成本契约下，两主体的利润值均会有所提高；而在分享减排所增利润契约下，两主体的利润变化要依据参数来确定。这说明，在减排契约的设计和选择过程中，需要综合考虑对供需各方的激励效果并结合供应链管理的实践，选择合理的契约形式，才可能实现最终的经济和环境目标。

9.1.4 在合作减排情形下，分别以政府、上游制造商和下游零售商构成的主导型供应链为研究对象，考虑到制造商的减排压力较大（制造商运营过程的碳排放量较大且减排研发投入资金不足），研究了政府的减排规制（低碳补贴或碳税）对零售商主导型供应链和制造商主导型供应链的决策行为和供应链绩效的影响

研究结果表明：

（1）在零售商主导的两级供应链中，考虑两种情形：①政府为供应链成员提供低碳研发补贴；②供应链核心企业（零售商）为制造商提供减排研发补贴或成本分摊从而激励制造商进行减排投入和减排研发。若同时考虑①、②两种情形，零售商和制造商都将投入研发成本进行低碳技术创新和研发活动，零售商对制造商的低碳投入成本分摊是有条件的，即其单位产品固定收益与制造商单位产品不变收益的比例大于某一值时，零售商才会给制造商分摊一定的低碳研发成本，否则零售商不会分摊制造商的低碳研发成本，而这个边界条件值不仅依赖于制造商的低碳研发投入成本的需求弹性，也依赖于消费者的低碳偏好。与纳什博弈相比，在零售商主导的斯塔克尔伯格博弈中，零售商和制造商都将在低碳研发和技术改造方面投入更多的费用。政府补贴对零售商和制造商的低碳研发投入都将起到激励作用，即在政府补贴下，制造商和零售商更愿意投入低碳研发成本，生产低碳产品。

（2）本书通过构建政府对一个制造商和一个零售商合作减排投入进行补贴的博弈模型，在三种博弈关系下，分析了双方的最优减排投入、收益和供应链整体收益以及政府的最优减排补贴及其变化，阐述了政府如何通过补贴来调整博弈结构和利益分配结构，从而激励企业考虑降低碳排放。研究结果表明，政府提供的减排补贴和企业的收益在集中决策均

衡下最低，斯塔克尔伯格博弈下次之，纳什博弈下最高。同时，斯塔克尔伯格博弈情形下，制造商和零售商的地位不同，获得的政府减排补贴也不同，跟随者将获得相对较多的减排补贴。而在供应链节点企业各自独立制定决策的情形下，政府的最优策略是不对双方的减排进行补贴。因此作为政府，在制定减排策略时需要充分考虑企业的合作方式和整个社会福利水平，要根据供应链博弈结构来灵活运用减排补贴策略。为了使补贴能够更好地促进企业碳减排的投入，一方面，政府需要促使低碳供应链中的成员在减排研发投入中形成更密切的合作；另一方面，要考虑选择合作程度较高的低碳供应链企业作为减排补贴的对象，避免补贴的不经济现象（减排补贴代替减排投入）发生。

9.1.5 随着环境问题带来的碳减排投入越来越大，制造商会要求供应商共同投入资源进行减排或分摊减排研发成本

通过建立一个政府碳税外生下的供应商和制造商减排研发合作模型，在征收碳排放税条件下，分别对减排研发合作和不合作进行了研究，并分析了企业减排决策的相互影响和交互作用。从上游供应商的视角，分析了它在何种情况下参与制造商的减排研发成本分摊及分摊比例是多少？研究发现：①对供应商而言，在碳税条件下，减排研发合作比不合作能获得更多利润；②对政府而言，在碳税条件下，减排研发合作比不合作能获得更好的环境改善效果。

研究结果表明：在低碳经济这一背景下，供应链的低碳化运营需要考虑三个方面的内容：①市场机制的完善；②政府环境政策的激励程度；③供应商、制造商和零售商等供应链各个成员企业之间的有效的协调与合作等。在供应链成员的长期合作关系背景下，分析制造商在考虑环境问题对自身成本结构和消费需求的影响，比较了供应商与制造商在减排研发非合作和合作两种方式下的减排量和利润等变化。同时考虑政府的

环境政策（碳税）对供应链上下游企业决策的影响，尤其是对供应商的减排研发合作行为的影响。若供应商参与制造商的减排研发活动，可使供需双方各自的收益都有所改善并得出结论：供应商参与减排研发是有条件的，供应商单位中间品利润不仅与制造商单位产品利润相关，还与政府环境政策和消费者行为偏好相关。即供应商参与减排研发可以带来中间产品需求的增加，但如果单位中间产品的利润过低，将可能导致其利润增加并不能够补偿与制造商减排研发合作所支出的成本，此时合作不会发生。同时也可以得到，供应商的减排研发成本分摊比例与其单位中间产品的利润正相关，即供应商单位中间品利润越高，其进行减排研发合作投资的动机越大，自然其愿意承担的减排研发成本也就越高。

9.2 问题与展望

本书着眼于政府环境规制、消费者低碳偏好等外力影响下对供应链低碳化绩效的影响，从政府对供应链减排行为提供补贴对供应链绩效的影响、消费者低碳意识和低碳偏好对供应链低碳化的影响机理及供应链碳交易机制下的上下游之间的决策关系等方面研究了供应链低碳化运营问题。但考虑到低碳供应链在运营中的问题较为复杂，并且本书对与低碳供应链相关的文献研究的深度和广度局限性导致在一些理论和方法上会存在一些缺陷。基于此，本书认为该针对低碳供应链运营方面的研究还需要从以下几个方面进行研究和完善。

9.2.1 对博弈模型的改进

（1）本书研究了消费者低碳偏好对供应链低碳化的作用机理，研究了

对供应链上下游合作减排尤其是减排研发合作的影响的模型中，基本都是假定需求与碳排放量两者的关系是确定的。

众所周知，现实的市场需求是随机变化的和不确定的，因此本书的研究结论只能是部分说明问题。我们有必要考虑市场需求不确定对供应链低碳化决策行为的影响以及由此带来的供应链绩效的改变情况。未来的研究可以从需求函数的变化、制造商、零售商主导地位不同下的低碳供应链协调及结合碳排放权交易情形的供应链运营决策问题。

（2）本书在考虑供应链结构时，只是考虑了两级供应链博弈关系模型，但是针对上游存在竞争和下游存在竞争均衡的情况并没有进行深入探讨，也没有探讨不同的供应链结构变化对整个研究问题的实际效果等，这些内容都将是未来需要研究的方向。

9.2.2　对主导型供应链的外力干预机制的设计与改进

针对低碳供应链运营中存在的一些问题，对其进行碳排放约束与减排，一方面要从外力干预入手，另一方面需要从内生机制入手。

（1）从外生机制入手，本书认为供应链之所以要转变为低碳化运营，是外力作用的结果，但如何从内生机制考虑，除了分析外力强制减排的影响外，还有供应链企业自身的主动减排需求，这种需求如何被激发、并能够对供应链的整个低碳化运营产生影响，从而使得整个供应链实现更加低碳的运营，以及低碳供应链新的运营模式的协调问题，都是在以后的研究中需要解决的问题。

（2）进一步对力量不对等供应链中的外力干预机制设计进行研究。一般地认为，低碳供应链中外力来源包括政府环境政策干预和消费者群体的低碳偏好行为，本书更多地关注消费者对需求的影响进而影响供应链的决策行为，以及政府通过补贴和碳税两种环境规制从供应链减排研发合作视角对供应链的低碳运营决策行为的影响，其研究的关键点是两种外力对供应链低碳化运营的干预机制和设计机理。但本书并没有过多地探讨这两个关键着力点对供应链低碳化结构设计、供应链联合减排下的供应链协调乃至供应链低碳化运营下的整体绩效的影响，也没有对外力干预下供应链低碳化结构的改变做灵敏度分析。

参考文献

[1] 陈波，杨建新，欧阳志云. 钢渣内部综合利用碳减排效果的生命周期评价 [J]. 中国人口·资源与环境，2010，20（10）：30-34.

[2] 陈剑，徐鸿雁. 基于销售商努力的供应商定价和生产决策 [J]. 系统工程理论与实践，2009（5）：1-10.

[3] 陈立芸. 公平与效率权衡下的碳排放权初始分配及减排成本研究 [D]. 天津大学博士学位论文，2015.

[4] 陈文颖，吴宗鑫，何建坤. 全球未来碳排放权“两个趋同”的分配方法 [J]. 清华大学学报（自然科学版），2005，45（6）：850-853.

[5] 程永宏，熊中楷. 碳税政策下基于供应链视角的最优减排与定价策略及协调 [J]. 科研管理，2015，36（6）：81-91.

[6] 邓华. 低碳经济下中国零售业发展的路径选择 [J]. 中国商贸，2011（2）：1-2.

[7] 杜少甫，董骏峰，梁樑，张靖江. 考虑排放许可与交易的生产优化 [J]. 中国管理科学，2009，17（3）：81-86.

[8] 樊纲，苏铭，曹静. 最终消费与碳减排责任的经济学分析 [J]. 经济研究，2010（1）：4-14，64.

[9] 方海燕，达庆利，朱长宁. 政府不同研发补贴政策下的企业市场绩效 [J]. 工业工程，2012，15（2）：33-40.

[10] 何大义，马洪云. 碳排放约束下企业生产与存储策略研究 [J].

资源与产业，2011，13（2）：63-68.

[11] 何龙飞，赵道致，张靓. 外力干预下力量不对等供应链协调机制研究 [J]. 北京理工大学学报（社会科学版），2010，12（5）：48-54.

[12] 侯玉梅，潘登，梁聪智. 碳排放权交易下双寡头企业生产与减排研究 [J]. 商业研究，2013（1）：176-182.

[13] 胡本勇，彭其渊. 基于广告—研发的供应链合作博弈分析 [J]. 管理科学学报，2008（2）：61-70.

[14] 黄鑫，陶小马，杜增华. 节能减排管制政策的博弈分析 [J]. 广西大学学报（自然科学版），2008，33（3）：322-326.

[15] 李友东，谢鑫鹏，营刚. 两种分成契约下供应链企业合作减排决策机制研究 [J]. 中国管理科学，2016，24（3）：61-70.

[16] 李媛，赵道致. 考虑公平偏好的低碳化供应链两部定价契约协调 [J]. 管理评论，2014，26（1）：159-167.

[17] 梅天华，汤优敏，甘德强. 考虑历史排放赤字的电力初始碳排放权公理化公平分配方法 [J]. 电力系统自动化，2016，40（3）：52-58.

[18] 孟卫军. 基于减排研发的补贴和合作政策比较 [J]. 系统工程，2010，28（11）：123-126.

[19] 孟卫军. 溢出率、减排研发合作行为和最优补贴政策 [J]. 科学学研究，2010，28（8）：1160-1164.

[20] 潘会平，陈荣秋. 供应链合作的利润分配机制研究 [J]. 系统工程理论与实践，2005（6）：87-93.

[21] 秦娟娟，赵道致. 强势零售商供应链中零供双方的策略选择 [J]. 软科学，2010（7）：121-124，128.

[22] 秦娟娟. 零售商主导型供应链中企业决策行为研究 [D]. 天津大学博士学位论文，2010.

[23] 吴竑，陈岱婉. 低碳经济下我国出口企业成本博弈分析 [J]. 西

南师范大学学报（自然科学版），2011，36（2）：32-35.

［24］熊中楷，张盼，郭年. 供应链中碳税和消费者环保意识对碳排放影响［J］. 系统工程理论实践，2014，34（9）：2245-2252.

［25］徐春明，赵道致，杜其光. 需求依赖减排水平和价格的供应链决策与协调机制［J］. 控制与决策，2016，31（3）：486-492.

［26］徐伟，郑燕飞. 绿色供应链管理中有举报行为的政企博弈分析［J］. 中国管理科学，2008（16）：450-454.

［27］杨波，唐小我，艾兴政. 纵向垄断市场的信息分享机制与产品定价［J］. 中国管理科学，2005（1）：76-81.

［28］杨红娟，郭彬彬. 基于 DEA 方法的低碳供应链绩效评价探讨［J］. 经济问题探索，2010（9）：31-35.

［29］杨家威. 低碳经济中政府补贴的博弈分析［J］. 商业研究，2010（8）：109-112.

［30］杨亚琴，邱菀华，何大义. 强制减排机制下政府与企业之间的博弈分析［J］. 系统工程，2012，30（2）：110-114.

［31］原毅军，耿殿贺. 环境政策传导机制与中国环保产业发展——基于政府、排污企业与环保企业的博弈研究［J］. 中国工业经济，2010（10）：65-74.

［32］曾刚，万志宏. 碳排放权交易：理论及应用研究综述［J］. 金融评论，2010，2（4）：55-67.

［33］曾丽萍，孟志青，庄彬. 以制造商为核心的供应链的优化决策模型［J］. 中国管理科学，2005（10）：359-363.

［34］赵黎明，殷建立. 碳交易和碳税情景下碳减排二层规划决策模型研究［J］. 管理科学，2016，29（1）：137-146.

［35］赵道致，吕金鑫. 考虑碳排放权限制与交易的供应链整体低碳化策略［J］. 工业工程与管理，2012，17（5）：65-71.

[36] 郑宇花. 碳金融市场的定价与价格运行机制研究 [D]. 中国矿业大学（北京）博士学位论文，2016.

[37] Abdallah T，Dlabat A，Simchi-Levi D. A carbon sensitive supply chain network problem with green procurement [C].//Proceedings of the 40th International Conference on Computers and Industrial Engineering，2010，1-6.

[38] Abdallah T，Farhat A，Diabat A，et al. Green supply chains with carbon trading and environmental sourcing：Formulation and life cycle assessment [J]. Applied Mathematical Modelling，2012，36（9）：4271-4285.

[39] Barari S，Agarwal G，Zhang W J C，et al. A decision framework for the analysis of green supply chain contracts：An evolutionary game approach [J]. Expert Systems with Applications，2012，39（3）：2965-2976.

[40] Bemporad R，Baranowski M. Conscious consumers are changing the rules of marketing. Are You ready? [R]. Highlights from the BBMG Conscious Consumer Report，2007. Available at <http：//www.bbmg.com>.

[41] Benjaafar S，Li Y Z，Daskin M. Carbon footprint and the management of supply chains：Insights from simple models [J]. Robotics & Control Systems，2012. DOI：10.1109/TASE.2012.2203304.

[42] Bernard A，Haurie A，Vielle M，et al. A two-level dynamic game of carbon emission trading between Russia，China，and Annex B Countries [J]. Journal of Economic Dynamics & Control，2008，32（6）：1830-1856.

[43] Bhattacharyy S C. The Clean Development Mechanism [J]. Energy Economics，2011，Part 5：623-645.

[44] Boere S，Tan T，Fransoo J C，et al. Carbon Regulated Supply Chains：Assessing and reducing carbon dioxide emissions in transport at Cargill Cocoa & Chocolate [D]. Master's Thesis，Eindhoven University of Technology，2010.

[45] Bojarski A D, Laínez J M, Espuña A, et al. Incorporating environmental impacts and regulations in a holistic supply chains modeling: An LCA approach [J]. Computers & Chemical Engineering, 2009, 33 (10): 1747-1759.

[46] Bougherara D, Combris P. Eco-labelled food products: what are consumers paying for? [J]. European Review of Agricultural Economics, 2009, 36 (3): 321-341.

[47] Cachon G P. Carbon and supply chain structure [J]. INFORMS 2009 Presentation, 2009.

[48] Cachon G P. Supply chain design and the cost of greenhouse gas emissions [D]. Working Paper: University of Pennsylvania, 2011.

[49] Carbon Trust. Carbon footprint in supply chain: the next step for business [R]. Report Number CTC616, The Carbon Trust, London, UK, 2006, http: //www.carbontrust.co.uk.

[50] Carmona R, Hinz J. Risk-neutral models for emission allowance prices and option valuation [J]. Management Science, 2011, 57 (8): 1453-1468.

[51] Caro F, Corbett C, Tan T, et al. Carbon-optimal and carbon-neutral supply chains [D]. Working Paper, Anderson Graduate School of Management-Decisions, Operations, and Technology Management, UC Los Angeles, 2011. http: //escholarship.org/uc/item/3s01b6pg.

[52] Chaabane A, Ramudhin A, Kharoune M et al. Design of sustain able supply chains under the emission trading scheme [J]. International Journal of Production Economics, 2012, 135 (1): 37-49.

[53] Chen X, Benjaafar S, Elomri A. The carbon-constrained EOQ [D]. Working Paper, University of Minnesota, USA, June 2011. http: //www.isye.

umn.edu/faculty/pdf/cbe-2011.pdf.

[54] Chen Z. Dominant retailers and the countervailing-power hypothesis [J]. Rand Journal of Economics, 2003 (34): 612-625.

[55] Chitra K.In search of the green consumers: a perceptual study [J]. Journal of Services Research, 2007, 7 (1): 173-191.

[56] Cholette S, Venkat K. The energy and carbon intensity of wine distribution: a study of logistical options for delivering wine to consumers [J]. Journal of Cleaner Production, 2009, 17 (16): 1401-1413.

[57] Coase R. The problem of social cost [J]. Journal of Law and Economics, 1960 (3): 1-44.

[58] Conrad K. Price competition and product differentiation when consumers care for the environment [J]. Environmental and Resource Economics, 2005, 31 (1): 1-19.

[59] Corbett C J, Klassen R D. Extending the horizons: environmental excellence as key to improving operations [J]. Manufacturing & Service Operations Management, 2006, 8 (1): 5-22.

[60] Crook T R, Combs J G. Sources and consequences of bargaining power in supply chains [J]. Journal of Operations Management, 2007, 25 (2): 546-555.

[61] Dales J. Pollution, property, and prices [M]. Toronto: University of Toronto Press, 1968.

[62] De Marchi V. Environmental innovation and R&D cooperation: Empirical evidence from Spanish manufacturing firms [J]. Research Policy, 2011, 41 (3): 614-623.

[63] Demirag, O. C., Baysar, O., Keskinocak P..The Effects of Customer Rebates and Retailer Incentives on a Manufacturer's Profits and Sales

[J]. Naval Research Logistics, 2010, 57 (1): 88-108.

[64] Dlabat A, Simchi-Levi D. A carbon-capped supply chain network problem [C]. IEEE International Conference on Industrial Engineering and Engineering Management, 2009. IEEM: 523-527.

[65] Doranova A, Costa I, Duysters G. Knowledge base determinants of technology sourcing in clean development mechanism projects [J]. Energy Policy, 2010, 38 (10): 5550-5559.

[66] Drumwright M E.Socially responsible organizational buying: Environmental concern as a noneconomic buying criterion [J]. Journal of Marketing: A Quarterly Publication of The American Marketing Association, 1994, 58 (3): 1-19.

[67] Du S, Ma F, Fu Z, Zhu L, Zhang J. Game-theoretic analysis for an emission-dependent supply chain in a "Cap-and-Trade" system [J]. Annals of Operations Research, 2011 (10): 7-14.

[68] Elhedhli S, Merrick R. Green supply chain network design to reduce carbon emissions [J]. Transportation Research Part D: Transport and Environment, 2012, 17 (5): 370-379.

[69] Elliott J., Fullerton D.. Can a Unilateral Carbon Tax Reduce Emissions Elsewhere? [J]. Resource and Energy Economics, 2014, 36 (1): 6-21.

[70] ENDS Report. Rover: Promoting environmental improvement along the supply chain [R]. 1994.

[71] Galbraith J K. American Capitalism: The Concept of Countervailing Power [M]. Transaction Publishers, 1952.

[72] Gaski J F. The theory of power and conflict in channels of distribution [J]. Journal of Marketing, 1984, 48 (3): 9-29.

[73] Greaker M, Rosendahl K E. Environmental policy with upstream

pollution abatement technology firms [J]. Journal of Environmental Economics and Management, 2008, 56 (3): 246-259.

[74] Gupta M.. Willingness to Pay for Carbon Tax: a Study of Indian Road Passenger Transport [J]. Transport Policy, 2016 (45): 45-54.

[75] Handfield R B. Green Supply Chain: Best Practices from the Furniture Industry [C]//Proceeding-Annual Meeting of the Decision Sciences Institute, USA. 1996 (3): 1295-1297.

[76] Harris, I., M. Naim, A. Palmer, et al. Assessing the impact of cost optimization based on infrastructure modelling on CO_2 emissions [J]. International Journal of Production Economics, 2011, 131 (1): 313-321.

[77] He X, Prasad A, Sethi S P, et al. A survey of stackelberg differential game models in supply and marketing channels [J]. Journal of Systems Science and Systems Engineering, 2007, 16 (4): 385-413.

[78] Hing Ling Lau A, Lau H S. The effects of reducing demand uncertainty in a manufacturer-retailer channel for single-period products [J]. Computers & Operations Research, 2002, 29 (11): 1583-1602.

[79] Hoen K M R, Tan T, Fransoo J C, et al. Effect of carbon emis sion regulations on transport mode selection under stochastic demand [D]. Working Paper: Eindhoven University of Technology, The Netherlands, 2011.

[80] Hoen K M R, Tan T, Fransoo J C, et al. Switching Transport Modes to Meet Voluntary Carbon Emission Targets [D]. Working Paper, School of Industrial Engineering, Eindhoven University of Technology, 2011.

[81] Hua G, Cheng T, Wang S. Managing carbon footprints in inventory management[J]. International Journal of Production Economics, 2011, 132 (2): 178-185.

[82] Hua Z, Li S. Impacts of demand uncertainty on retailer's dominance

and manufacturer-retailer supply chain cooperation [J]. Omega, 2008, 36 (5): 697-714.

[83] Huisingh D, Zhang Z, Moore J C, et al. Recent Advances in Carbon Emissions Reduction: Policies, Technologies, Monitoring, Assessment and Modeling [J]. Journal of Cleaner Production, 2014 (103): 1-12.

[84] Inderst R, Wey C. Buyer power and supplier incentives [J]. European Economic Review, 2007, 51 (3): 647-667.

[85] Iyer G, Villas-Boas J M. A bargaining theory of distribution channels [J]. Journal of Marketing Research, 2003, 40 (1): 80-100.

[86] Jacobs B W, Singhal V R, Subramanian R. An empirical investigation of environmental performance and the market value of the firm [J]. Journal of Operations Management, 2010, 28 (5): 430-441.

[87] Kara M, Syri S, Lehtilä A et al. The impacts of EU CO_2 emissions trading on electricity markets and electricity consumers in Finland [J]. Energy Economics, 2008, 30 (2): 193-211.

[88] Katsoulacos Y, Xepapadeas A. Environmental policy under oligopoly with endogenous market structure [J]. Scandinavian Journal of Economics, 1995, 97 (4): 411-420.

[89] Katsoulacos Y, Xepapadeas A. Environmental innovation, spillovers and optimal policy rules, in environmental policy and market structure [C]// in: Carraro C, Katsoulacos Y, Xepapadeas A, eds., Environmental Policy and Market Structure [A]. Dordrecht: Kluwer, 1996: 99-130.

[90] Keskin N, Plambeck E. Greenhouse gas emissions accounting: allocating emissions from processes to co-products [J]. Available at SSRN: http: //ssrn.com/abstract=1956211, 2011.

[91] Ki-Hoon Lee.Integrating carbon footprint into supply chain manage

ment: the case of Hyundai Motor Company (HMC) in the automobile industry [J]. Journal of Cleaner Production, 2011 (19): 1216-1223.

[92] Klingelhöfer H E. Investments in EOP-technologies and emissions trading-results from a linear programming approach and sensitivity analysis [J]. European Journal of Operational Research, 2009, 196 (1): 370-383.

[93] Kuo T. C., Hong I. H., Lin S. C.. Do Carbon Taxes Work? Analysis of Government Policies and Enterprise Strategies in Equilibrium [J]. Journal of Cleaner Production, 2016 (139): 337-346.

[94] Lamming R, Hampson J. The environment as a supply chain management issue [J]. British Journal of Management, 1996, 7 (s1): S45-S62.

[95] Li S, Gu M. The effect of emission permit trading with banking on firm's production-inventory strategies [J]. International Journal of Production Economics, 2012, 137 (2): 304-308.

[96] Li S. Optimal control of the production-inventory system with deteriorating items and tradable emission permits [J]. International Journal of Systems Science, 2013 (1): 1-12.

[97] Li S X, Huang Z, Ashley A. Manufacturer-retailer supply chain cooperation through franchising: A chance constrained game approach [J]. INFOR: Information Systems and Operational Research, 2002, 40 (2): 131-148.

[98] Linton J D, Klassen R, Jayaraman V.Sustainable supply chains: an introduction [J]. Journal of Operations Management, 2007, 25 (6): 1075-1082.

[99] Liu Z L, Anderson T D, Cruz J M. Consumer environmental awareness and competition in two-stage supply chains [J]. European Journal of Operational Research, 2012, 218 (3): 602-613.

[100] Mehling M, Haites E. Mechanisms for linking emissions trading

schemes [J]. Climate Policy, 2009, 9 (2): 169-184.

[101] Montgomery W D.Markets in licences and efficient pollution control programs [J]. Journal of Economic Theory, 1972, 5 (3): 395-418.

[102] Moon W, Florkowski W J, Brückner B, et al.Willingness to pay for environmental practices: implications for eco-labeling [J]. Land Economics, 2002, 78 (1): 88-102.

[103] Munson C L, Rosenblatt M J, Rosenblatt Z. The use and abuse of power in supply chain [J]. Business Horizons, 1999, 42 (1): 55-56.

[104] Nagurney A, Nagurney L S. Sustainable supply chain network design: A multicriteria perspective [J]. International Journal of Sustainable Engineering, 2010, 3 (3): 189-197.

[105] Ni D, Li K W, Tang X. Social responsibility allocation in two-echelon supply chains: Insights from wholesale price contracts [J]. European Journal of Operational Research, 2010, 207 (3): 1269-1279.

[106] OECD. Buyer power of large scale multiproduct retailers [C]. Background paper by the secretariat, Roundtable on Buying Power, OECD, Paris, 1998.

[107] Pasternack B A. Optimal pricing and return policies for perishable commodities [J]. Marketing Science, 1985, 4 (2): 166-176.

[108] Petrakis E, Poyago-Theotoky J. R&D subsidies versus R&D cooperation in a duopoly with spillovers and pollution [J]. Australian Economic, 2002 (41): 37-52.

[109] Porter M. Consumer behaviour, retailer power and market performance in consumer goods industries [J]. Review of Economics and Statistics, 1974 (56): 419-436.

[110] Poyago-Theotoky J. The organization of R&D and environmental

policy [J]. Journal of Economic Behavior & Organization, 2007, 62 (1): 63-75.

[111] Ramudhin A, Chaabane A, Paquet M. Carbon market sensitive sustainable supply chain network design [J]. International Journal of Management Science and Engineering Management, 2010, 5 (1): 30-38.

[112] Ren F. Research on slotting allowance decision in the two-echelon supply chain with retailer-led [C]//Proceedings of 2010 International Conference on Logistics Systems and Intelligent Management, Harbin, 2010 (1): 25-29.

[113] Shaw K, Shankar R, Yadav S S, et al. Supplier selection using fuzzy AHP and fuzzy multi-objective linear programming for developing low carbon supply chain [J]. Expert Systems with Applications, 2012, 39 (9): 8182-8192.

[114] Shen J. Understanding the determinants of consumers' willingness to pay for eco-labeled products: An empirical analysis of the China Environmental Label [R]. Osaka School of International Public Policy, Osaka University, 2008.

[115] Song J, Leng M. Analysis of the single-period problem under carbon emissions policies [J]. Handbook of Newsvendor Problems, 2012 (1): 297-313.

[116] Ulph A. Environmental policy and international trade when governments and producers act strategically [J]. Journal of Environmental Economics and Management, 1996, 30 (3): 265-281.

[117] Vanclay J K, et al. Customer response to carbon labelling of groceries [J]. Journal of Consumer Policy, 2011, 34 (1): 153-160.

[118] Velázquez-Martínez J C, Fransoo J C, Blanco E E, et al. The

impact of carbon footprinting aggregation on realizing emission reduction targets [J]. Flexible Services and Manufacturing Journal, 2011 (1): 1-25.

[119] Wang H. Slotting allowances and retailer market power [J]. Journal of Economic Studies, 2006, 33 (1): 68-77.

[120] Wang Q. P., Zhao D. Z., He L. F.. Contracting Emission Reduc tion for Supply Chains Considering Market Low-Carbon Preference [J]. Journal of Cleaner Production, 2016 (120): 72-84.

[121] Weikard H P, Dellink R. Sticks and carrots for the design of international climate agreements with renegotiations [J]. Annals of Operations Research, 2010 (1): 7-14.

[122] Winkelman A G, Moore M R. Explaining the differential distribution of clean development mechanism projects across host countries [J]. Energy Policy, 2011, 39 (3): 1132-1143.

[123] Yakita A, Yamauchi H. Environmental awareness and environmental R&D spillovers in differentiated duopoly [J]. Research in Economics, 2011, 65 (3): 137-143.

[124] Yang H J, Zhang J. The strategies of advancing the cooperation satisfaction among enterprises based on low carbon supply chain management [J]. Energy Procedia, 2011 (5): 1225-1229.

[125] Zhang J J, Nie T F, Du S F. Optimal emission-dependent production policy with stochastic demand [J]. International Journal of Society Systems Science, 2011, 3 (1-2): 21-39.

后　记

本书是在博士学位论文的基础上修改完成的。从入学、毕业到现在，感觉时间过得飞快，回首读博的这些日子里，有过快乐，也有过痛苦，但心中却备感充实。在天津大学攻读博士学位的过程中，我感慨良多，受益颇多。

首先真诚感谢博士生导师赵道致教授。从文献收集、论文设计、论文完善直至定稿过程中，每一阶段赵老师对我都关心备至，时刻关心我的论文写作情况；在论文的整个完成过程中赵老师倾注了大量心血。治学严谨、待人宽厚、胸怀博大、积极乐观是老师给我的深刻印象，也深深影响着我，他的教诲激励我在以后的教育和科研道路上发奋图强、励精图治，不断开拓创新。

我以最诚挚的心意感谢天津大学的师兄、师姐、师弟、师妹们，何龙飞、秦娟娟、刘永军、李昊、夏良杰、谢鑫鹏、李媛、原白云、张学强等。和你们在一起非常欢乐，可以分享学习和科研中的心得；可以分担研究中的困难与痛苦；可以一起谈论共同感兴趣的话题；可以一起分享生活中的点点滴滴。你们的帮助给了我极大的便利；你们的热情排解了我的忧虑；你们的畅谈带给了我快乐和温馨。难忘与你们在一起度过的每时每刻，每分每秒。

在此，我还要郑重感谢我的同学们，支华炜、丁聪、刘金培、刘广为、郭涛、曹立思、夏一、胡冠中等，他们是我一生最宝贵的财富，单调枯燥的科研生活因与他们的相识而变得绚丽多彩。在科研的道路上，他们带给我的是无私的帮助，积极的鼓励；在我愁苦之时，给我带来快乐；在我心情低落时，给我分担忧伤，有友如此，夫复何求？

我要郑重地感谢我的硕士导师，内蒙古大学经济管理学院郭晓川教授，我的良师，更是我的益友。无论是学习科研方面还是工作生活方面，郭老师都给了我无微不至的关怀。每次见面，都会询问我的科研情况、工作情况和生活情况。感谢郭老师对我的关心和指导。

我要感谢我的家人，没有他们的体谅、包容、帮助和支持，相信我的博士生生活将会是另一番光景。感谢妻子李晓华女士在我完成博士学位论文的过程中，担负起了家里的所有事务，照顾孩子和父母，对我工作和学习给予了大力支持；虽然不能给我提供论文写作过程中的思路，但不断地激励我，在我想要放弃的时候给我打气，在我心情糟糕的时候给我开解。感谢我的父亲母亲，在我不能兼顾家庭的时候，是他们在背后一直支持着我，在我和妻子不能很好地照顾孩子的时候，是他们带来了无微不至的关心和帮助，他们是我不断前进的动力。在此，祝愿二老身体健康，快乐幸福！

最后，感谢经济管理出版社的大力支持和各位编辑的辛勤工作。

李友东

2017 年 11 月 21 日于内蒙古大学经济管理学院